진짜 일본을 만나다
일본 게스트하우스 100

시작하며

여러분은 언제 여행을 떠나고 싶다는 생각이 드세요?

반복되는 일상을 보내다 시간 여유가 생길 때 아닐까요?
예를 들면 연휴나 여름휴가, 연말연시…
맡았던 프로젝트가 무사히 끝났을 때.
아니면 회사를 그만두고 다른 직장을 구하기 전까지 등
시간이 있으면 문득 여행을 떠나고 싶어집니다.

또 매일 똑같은 일상에 지쳐 마음의 여유를 찾고 싶을 때면
여행을 생각하게 되지요.
예를 들면 평소와는 다른 경험을 하고 싶다든지,
일이 벽에 부딪쳐서 새로운 아이디어를 얻고 싶을 때 말이에요.
어쩌면 실연으로 상처입은 마음을 달래고
기분전환을 위해 여행을 생각하기도 할 것입니다.

1박 2일 정도의 작은 여백부터
인생의 터닝포인트를 맞는 커다란 여백까지.
다양한 상황을 안고, 일상에서 비일상으로 훌쩍 여행을 떠나는 것입니다.

만약 지금 떠나려고 마음먹었다면
'일본 게스트하우스 여행'을 제안합니다.
다른 곳도 좋지만 특유의 문화가 있는 가까운 나라,
일본의 게스트하우스에서 묵는 즐거움을 꼭 누려보세요.

* 이 책은 500곳이 넘는 일본의 게스트하우스 중에서 제가 실제로 방문한 곳이면서 게스트하우스와 첫 만남을 갖게 될 독자들에게 꼭 추천하고 싶은 100곳에 초점을 맞춰 소개했습니다. 마치 게스트하우스에 대해 아무것도 몰랐던 과거의 저에게 편지를 보내는 느낌입니다.

그저 끌리는 마음으로 시작한 블로그가 게스트하우스를 소개하는 사이트인 FootPrints가 되고 이제 이렇게 한권의 책이 되어 나오다니. 게스트하우스에 한눈에 반했던 2010년의 크리스마스, 당시 25살이었던 저로서는 도저히 상상할 수 없었던 일입니다.
지금까지의 모든 만남에 감사하며 이 한권의 책을 엮습니다.
이 책이 작은 계기가 되어 여러분도 소중한 인연의 폭이 더욱 넓어지기를 진심으로 바랍니다.

게스트하우스란

▷ 이 책에서의 정의
"비일상이 마치 일상이 되는, 공유하는 여행의 숙소"입니다.
해외나 일본 각지에서 방문하는 사람들은 국적도 나이도 직업도 가지각색. 숙소 안에는 게스트 전원이 공유하는 공간이 많기 때문에 서로 질서를 지키면서 평소엔 좀처럼 만날 수 없는 사람들과의 일생에 한 번뿐일지 모를 시간을 소중하게 보냅니다.

1박(식사 불포함) 2700~3700엔인 숙소가 많지만 싸다고 질이 낮은 것은 아닙니다. 특히 최근에는 빈 집을 디자인해서 고친 곳, 카페와 바를 함께 운영해서 동네 사람도 부담없이 들릴 수 있는 곳, 외딴섬이나 마을산, 또는 바닷가에 위치해 자연을 만끽할 수 있는 곳 등 쾌적하고 세련된 동시에 매력적인 마인드로 운영하는 게스트하우스가 일본 각지에 존재하고 있습니다.

▷ 특징
이 책에서는 1은 필수, 2. 3. 4는 단서가 붙은 경우도 있습니다.

1. 교류공간이 존재 ※ 이용이 한팀으로 한정이 되는 경우 제외
2. 1박(식사 불포함) 한 명부터 ※ 식사나 식재료 포함인 경우도 있음
3. 도미토리(다인 공동실)가 존재 ※ 개인실만 있는 경우도 있음
4. 화장실과 샤워실, 개수대 등을 공유 ※ 개인실에 딸려있는 경우도 있음

▷ 즐기기 위한 3가지 조건
1. 저녁식사 전에 체크인 : 만남을 즐기기 위해서입니다. 숙소에서 추천해주는 음식점이나 마을 정보도 얻을 수 있습니다.
2. 능동적인 태도가 좋아요 : '분명히 이렇게 해 줄 거야'라고 기다리지 말고 불확실한 점이나 원하는 것이 있으면 스스로 물어보고 행동하세요.
3. 2박 이상, 2번 이상 방문 : 2박 이상 머물면 보다 편안해지고, 2번 이상 방문하면 계절의 변화를 즐길 수 있어요.

▷ 게스트하우스에 있는 것, 없는 것 기준
아래의 내용은 평균적인 기준이므로 참고만 하시기 바랍니다. 파자마나 취침용 유가타(浴衣)는 대부분 비치되어 있지 않습니다.

• 대부분 있다 : 드라이기, 옷걸이, 와이파이, 전원, 귀중품박스
• 반드시 있다 : 린스와 샴푸, 바디클렌저, 게스트방명록
• 드물게 있다 : 수건, 클린징폼, 화장수, 로션, 욕조, 컨디셔너
• 유료라면 대체로 있다 : 수건, 칫솔, 대여자전거, 세탁기(드물게 건조기)

▷ 게스트하우스 용어
백팩커 : 대용량의 배낭을 메고 여비를 현명하게 아끼면서 세계각지를 돌아다니는 여행자
도미토리(ドミトリー) : 다인 공동실. 도미(ドミ) 또는 DM으로 줄여서 말하기도 합니다. 최근에는 커튼을 단 2층 침대가 많아졌습니다. 남녀공용실은 MIX나 콘고도미(混合ドミ), 여성전용은 FD나 죠도미(女ドミ), 남성전용은 MD나 단도미(男ドミ)라고도 합니다.

Contents

- 002 　시작하며
- 005 　게스트하우스란
- 006 　게스트하우스 이용 가이드
- 010 　게스트하우스 초심자용 Q&A
- 012 　게스트하우스 100곳 지역별 리스트

- 015 　**1 예술적인 느낌이 가득, 아트 게스트하우스**
  카이수 / 야마노이에 Cafe&Domitory / 교토 아트 호스텔 쿠마구스쿠
  호스텔 로쿠온 오사카 / 고야산 게스트하우스 코쿠우 / 뱀부 빌리지
  스파이스 모텔 오키나와

- 023 　**2 일본 정취 가득한 전통 가옥 게스트하우스**
  게스트하우스 시로 / 게스트하우스 쿠라 / 게스트하우스 킨교야
  게스트하우스 와라쿠안 / 게스트하우스 오도리
  게스트하우스 나라 백패커스 / 게스트하우스 아나고노네도코

- 031 　**3 바(Bar)가 있는 게스트하우스**
  게스트하우스 toco. / 누이 호스텔&바 라운지 / 분카 호스텔 도쿄
  온 더 마크스 가와사키 / 글로컬 나고야 백패커스 호스텔
  LEN 교토 가와라마치 / 호스텔 앤 바 쿠오레 구라시키
  호스텔 앤 다이닝 탄가 테이블

- 041 　**4 나홀로 여행객에게도 좋은 게스트하우스**
  게야키 게스트하우스 / 이로리 니혼바시 호스텔 앤 키친
  엠블렘 호스텔 니시아라이 / 도쿄 휘테 / 피스 호스텔 교토
  나라 게스트하우스 3F / 게스트하우스 카니와

- 049 　**5 마을과 친해지는 게스트하우스**
  오타루나이 백패커스 호스텔 모리노키 / 하나레
  후쿠이 게스트하우스 SAMMIE'S / 바커스 고후 게스트하우스
  1166 백패커스 / 마스야 게스트하우스 / 게스트하우스 마루야
  게스트하우스 로쿠 / 와이 펍 앤 호스텔 / 게스트하우스 루코

- 061 　**6 만남이 있는 게스트하우스**
  와토야 / 가마쿠라 게스트하우스 / 게스트하우스 고즈에노유키
  미나미치타 게스트하우스 호도호도 / 다비비토야도 이시가키야
  게스트하우스 유린안 / 에코 게스트하우스 구네루아소부
  니키진 게스트하우스 무스비야

071 **7 아이와 함께 즐기는 게스트하우스**
아즈미노 치쿠야도 / 게스트하우스 LAMP / 아와쿠라 온천 모토유
88하우스 히로시마 / 게스트하우스 가제노쿠구루 / 게스트하우스 와카바야
트래디셔널 아파트먼트 / 게스트하우스 아소비 고코로 구마모토

081 **8 부부가 맞아주는 게스트하우스**
야마고야 백패커스 / 게스트하우스 우메바치 / 오차노마 게스트하우스
히카리 게스트하우스 / 게스트하우스 MADO / 게스트하우스 도마루
오키노 마치야도 / 게스트하우스 교토 콤파스 / 게스트하우스 촛토코마
센 게스트하우스

093 **9 여자 혼자 가도 좋은 게스트하우스**
게스트하우스 에니시야 / 레토르메트로 백패커스 / 게스트하우스 하코네 넨네코야
이세 게스트하우스 츠무기야 / 게스트하우스 가자리야 / 이마자토 게스트하우스
히메지가하하 게스트하우스 / 게스트하우스 쿠루무
TEN to SEN 게스트하우스 다카마츠

103 **10 남자 혼자 가도 좋은 게스트하우스**
지미즈 백패커스 / 타임 피스 아파트먼트 / 굿 네이버 호스텔
이세 게스트하우스 가자미 / 게스트하우스 히츠지안 / 호스텔 노스+키 교토

111 **11 개성 만점 게스트하우스**
시나 토 잇페이 / 북 앤 베드 도쿄 / 가메지칸 / 게스트하우스 퐁기
니시아사히 게스트하우스 / 게스트하우스 마치야도
캠프 백패커스 인 앤 라운지 / 시마나미 게스트하우스 시쿠로노이에
가츠오 게스트하우스 / 나가사키 가가미야

123 **12 콜라보 게스트하우스**
언탭트 호스텔 / 고류 게스트하우스 / 고메야카타 게스트하우스
오모테나시 라보 / 오사카 하나 호스텔 / 게스트하우스 유엔
게스트하우스 리코 / 도리이 쿠구루 게스트하우스터널 게스트하우스 / 하카타 상가 게스트하우스 카이네

134 데이터로 보는 게스트하우스의 경향
136 히로야 요시자토(도쿄 R부동산) x
　　 마에다 유카리(FootPrints) 대담
139 왜 지금 게스트하우스가 주목받는가
142 끝으로

Column

040　1 [음식×게스트하우스] 카페와 바에서 즐긴다
060　2 [지역×게스트하우스] 숙소를 통해 그 마을이 좋아진다
070　3 [체험×게스트하우스] 다같이 온천! 저녁식사!
080　4 [가족×게스트하우스] 아이와 함께 즐긴다
092　5 [건축×게스트하우스] 빈집과 DIY와 리노베이션
110　6 [직업×게스트하우스] 운영자는 어떤 사람?
122　7 [이주×게스트하우스] 어디서 누구와 무엇을 하며 살까?

게스트하우스 이용 가이드

게스트하우스가 처음인 분을 위해 숙소 도착에서 출발까지의 흐름을 소개합니다. 제가 묵은 첫 게스트하우스였던 toco(p.32)가 그 무대입니다. 모두의 도움을 받아 다함께 그날로 타임 슬립. 자, 출발합니다!

체크인

체크인한다
체크인 방법은 호텔이나 여관과 같습니다. '안녕하세요(곤니치와!)'라고 인사하고 예약자의 이름을 말한 후, 건네준 종이에 이름과 숙박일을 적어넣습니다.

CHECK!!
정산하기 전에
현지에서 현금으로 계산하는 게스트하우스가 많으므로 현지 화폐를 준비하세요.

숙소 내부를 안내받는다
체크인이 끝나면 스태프가 함께 돌며 시설을 안내해줍니다. (접수처에서 구두로 설명하는 곳도 있습니다)

CHECK!!
잠금키 사용법 익히기
심야와 새벽에 사용하는 게스트 전용 문이 있어 조작방법과 비밀번호를 알려줍니다.
비밀번호가 적힌 종이는 사진으로 찍어두면 편리합니다.

건물을 소중하게 다룬다
전통 가옥을 개조한 목조건물 등 약한 재질의 건물이 많으므로 조심해서 사용합니다. 트렁크는 끌지 말고 들고 들어가도록 합니다.

주방

모두가 함께 쓰는 부엌
장기 여행자 등 게스트가 사용할 수 있는 공동 부엌이 설치되어 있는 경우도 있어요.
전자레인지와 냉장고, 식기와 조리 도구 등 어느 정도의 용품이 갖춰져 있습니다.
사용 후에는 깔끔하게 정리합니다.

음식에는 이름표를
냉장고에 음식을 넣을 땐, 주인이 누군지 알 수 있도록 이름을 적어둡니다.
비치되어 있는 이름표와 펜을 사용하세요.

무료 음료수도 구비
인스턴트 커피나 차가 무료로 제공되는 숙소도 제법 많습니다. 자유롭게 이용하세요.

샤워 & 세면실

샤워룸 사용법
공동 샤워실은 비어 있을 때 각자 알아서 사용합니다. 샴푸나 린스, 바디 클린저가 비치된 곳도 있습니다.
다시 없을 기회일지도 모르니 마을의 대중목욕탕인 센토(錢湯)체험도 추천합니다.

드라이어
샤워실 부근의 세면대에 드라이어가 있습니다.
늦은 밤이나 새벽에는 사용 불가인 곳도 있으므로 유의하세요.

세면대
세면대도 샤워실처럼 공유해야 하므로 서로를 배려하면서 사용합니다.
아침에는 이곳에서 서로 "안녕하세요?(오하이요?)"라는 인사를 나누게 됩니다.

여행 정보 수집

공용 컴퓨터
인터넷이 가능한 무료컴퓨터를 놓아둔 경우가 많습니다.
여행지의 정보 검색과 급한 볼일을 처리할 수 있습니다.

공용 책장
게스트하우스의 책장에는 주변지역이나 여행에 관련된 책과 자료가 한가득.
그 숙소의 개성이 드러나는 라인업입니다.

침실

공동실의 경우
시설 안내가 끝났으면 바로 잠자리 준비를 해두는 것이 좋습니다. 시트를 깔고, 샤워할 때 필요한 것들은 한데 모아 에코백에 넣어두세요.
이렇게 해두면 만약 늦게 돌아와도 룸메이트들에게 피해를 주지 않고 잘 준비를 할 수 있어 서로가 편안합니다.

귀중품은 어떻게 할까?
침대 부근이나 숙소 안에 무료 락커가 준비된 곳도 있습니다. 중요한 물건은 넣어두세요.

CHECK!!

시트 처리법
침대 시트를 펴고 걷는 일은 직접 하는 경우가 대부분입니다. 다음날 아침에는 지정된 장소에 시트를 반납하세요.

숙소에서 지내는 법

숙소 안에서 한가로이 보낸다
저녁식사 전에는 꼭 체크인을 마치고 숙소 내의 분위기를 느껴보도록 하세요. 어머나? 오늘은 《나는 단순하게 살기로 했다》를 쓴 미니멀리스트 사사키 씨도 여기서 숙박하시나 봐요.
이런 생각지도 못했던 만남은 더욱 반갑습니다.

추천해줄 만한 장소를 묻는다
한숨 돌렸으면 이제 마을로 나가볼까요? 숙소 사람들의 추천을 통해 잘 알려지지 않은 지역 정보를 알 수 있습니다.

대여 가능한 물건

수건, 칫솔 등
세면도구나 잠옷 등은 기본적으로 개인 지참이지만 수건과 칫솔은 대여나 구입이 가능한 곳도 있습니다.

대여자전거
대부분 몇 백 엔 정도의 유료로 대여가능하답니다. 대수에 제한이 있으므로 주의할 것.

세탁기
게스트하우스에는 장기 여행자가 많기 때문에 세탁기가 있습니다. 건조기까지 갖춘 곳도 있어요.
100~300엔이 평균 사용료.

게스트들과의 즐거운 교류

교류 공간에서
마을을 충분히 즐겼다면 어둠이 몰려오기 전에 숙소의 거실에 얼굴을 내밀어보세요.
다채롭고 흥겨운 교류가 격의없이 이루어지는 경우가 많습니다.
저는 이 시간과 다음날 조식시간을 가장 좋아한답니다.

체크아웃
눈 깜짝할 사이에 다음날 아침이 밝았네요. 아쉽지만 이제 출발해야 할 시간.
"사요나라(안녕히 계세요)"보다는 "잇떼키마스(다녀오겠습니다)"라고 말하고 싶습니다.
소중한 곳이 하나 더 늘어난 기분이에요.

방명록에 마음을 남기기
숙소 안에는 게스트들이 적는 방명록이 있습니다. 당신의 흔적도 여기에 남겨보세요.

게스트하우스 초심자용 Q&A

게스트하우스에서 묵어본 적은 없지만 꼭 한 번 가보고 싶은 이들이 자주 묻는 '12가지 질문'입니다.

Q1 게스트하우스의 안전성은 어떤가요?

A1 전철 안에서의 안전성과 거의 같은 수준입니다. 귀중품은 스스로 관리하는 것이 기본입니다.
지갑. 휴대전화. 컴퓨터. 카메라 등 중요한 것은 반드시 소지하도록 하세요.
무료 귀중품 상자가 있는 숙소도 많이 있으니 잘 활용하시기 바랍니다.

Q2 게스트하우스는 주로 젊은 사람들이 이용하나요?

A2 숙박 연령층은 20대 중반부터 30대 중반이 가장 많습니다.
나홀로 여행객의 필요에 잘 부합되는 점, 또 SNS로 정보 수집을 하는 연령대 등의 이유 때문이겠지요.
하지만 40대나 50대 개인실 게스트나, 60~70대의 고향 방문자의 모습도 적지 않게 보입니다.

Q3 영어를 잘 못하는데 괜찮을까요?

A3 영어나 일본어를 잘하면 좋기는 하지요.
영어를 잘하는 스태프나 다른 게스트가 다언어로 통역해주면서 대화를 하기도 합니다.
통역기를 이용하는 이들도 많으니 외국인 친구 사귀기에 도전해보세요.

Q4 다른 게스트와 커뮤니케이션을 잘 할 수 있을지 불안해요.

A4 커뮤니케이션을 시작하기 쉬운 방법은 아래와 같습니다.
- 웃는 얼굴로 인사하기
- 스태프와의 대화부터 시작
- 마법의 말은 "어디서 오셨어요?"

Q5 특별히 신경을 써야할 매너가 있나요?

A5 '서로 공평하고 기분 좋게'를 의식하면 어려울 것은 없습니다. 아래는 구체적인 예입니다.
○도미토리(다인공동실)에 있는 에어컨은 적당 온도로 설정 / ×더위를 잘 타는 자신을 위해 슬쩍 최저 온도로 변경
○피곤하면 각자의 타이밍대로 취침 / ×억지로 잡아끌면서 늦은 밤까지 동행
○특히 물을 쓰는 곳에서는 다른 사람을 배려 / × 혼잡한 시간대에 샤워실을 장시간 점령

Q6 게스트하우스를 선택할 때, 정보 수집은 어떻게 하면 좋을까요?

A6 여행객들에게 직접 추천 받는 것이 가장 좋습니다.
우선 한 곳을 방문해서 스태프와 게스트들이 좋아하는 숙소가 어딘지 물어보세요.
다른 게스트하우스의 안내서를 비치한 숙소도 있습니다.
덧붙여서 FootPrints(http://footprints-note.com/links)에는 약 300곳의 숙소가 링크되어 있습니다.

Q7 통금 시간이 있나요?

A7 체크인만 끝나면 이후의 통금은 없는 곳이 많습니다.
체크인을 할 때 접수를 완료하면 게스트 전용 출입구에 대해 설명을 해주는 경우도 있습니다.
단 너무 늦은 시간에 출입을 하면 룸메이트에게 피해를 줄 수 있으므로 주의하세요.

Q8 외부에서 구입한 술이나 과자는 들고 들어갈 수 있나요?

A8 공동 공간에는 들고 가도 OK. 침실은 안 되는 곳이 대부분입니다.
특히 도미토리(다인 공동실)는 페트병에 담긴 음료수 이외의 시식이 엄격하게 금지된 곳이 많습니다.
반대로 공용 공간은 사 들고 가는 것은 물론, 술 주문이 가능한 곳도 있습니다.

Q9 도미토리(다인공동실)에서 잡담을 해도 되나요?

A9 취침시간대의 대화는 피하는 것이 도미토리의 매너입니다.
낮이나 저녁의 인사와 이야기는 문제되지 않지만 한 사람이라도 잠들었다면
수학여행 온 것처럼 밤새 시끌시끌 이야기를 활기차게 나누는 것은 NG.
나머지 이야기는 공동 공간으로 이동해서 하는 것이 좋겠지요?

Q10 코골이가 심한 사람은 숙박할 수 없나요?

A10 개인실을 이용하는 방법이 있습니다. 안타깝지만 크게 코 고는 소리는 공동실의 천적.
심한 코골이가 걱정인 분은 개인실을 예약하세요. 반대로 다른 사람의 코 고는 소리가 신경쓰인다면
간혹 무료 귀마개를 비치한 숙소가 있으므로 확인해보세요.

Q11 쉐어하우스와 다른 점은?

A11 '여러 사람이 한 지붕 아래'라는 이미지 때문에 착각하기 쉽지만 전혀 다릅니다.
게스트하우스 : 숙박시설. 일박 단위부터 요금을 내고 숙소로 체재.
쉐어하우스 : 월세 주거. 몇 개월 단위나 연 단위 주거로 계약.

Q12 호스텔이나 백패커스라고 불리는 숙박시설과의 차이는?

A12 거의 같습니다. 게스트하우스는 아시아계, 호스텔과 백패커스는 서양권에서 익숙한 단어입니다.
뉘앙스의 차이로 아래와 같은 경향이 있습니다.
게스트하우스 : 주로 30명 이하가 묵을 수 있다. 옛 전통 가옥이나 소형빌딩 등의 소규모 숙소
호스텔 : 주로 50명 전후 이상이 묵을 수 있다. 대형 빌딩이나 여러 층이 있는 대규모 숙소

최근에는 유스호스텔도 이용에 큰 차이가 없습니다. (일부 전통적인 숙소를 제외)
회원증이 없어도 약 3000엔 대로 묵을 수 있습니다.

게스트하우스 100곳
지역별 리스트

당장 여행하고 싶은 지역의 게스트하우스를 찾는다면
이 리스트를 체크하세요!

게재된 100곳의 MAP는 이곳에

[FootPrints]는 마에다 유카리가 편집장으로 운영하고 있는 게스트하우스 소개사이트입니다. QR코드를 찍어보세요.

홋카이도 北海道

- 50 오타루나이 백패커스 호스텔 모리노키
- 82 야마고야 백패커스
- 94 게스트하우스 에니시야
- 104 지미즈 백패커스
- 105 타임 피스 아파트먼트
- 124 언탭트 호스텔
- 125 고류 게스트하우스

미야기 宮城県

- 42 게야키 게스트하우스
- 82 게스트하우스 우메바치

야마가타 山形県

- 126 고메야카타 게스트하우스

치바 千葉県

- 62 와토야
- 84 오차노마 게스트하우스
- 127 오모테나시 라보

도쿄 東京都

- 16 카이수
- 32 게스트하우스 toco.
- 33 누이 호스텔&바 라운지
- 34 분카 호스텔 도쿄
- 43 이로리 니혼바시 호스텔 앤 키친
- 44 엠블램 호스텔 니시아라이
- 45 도쿄 휘테
- 51 하나레
- 85 히카리 게스트하우스
- 95 레토로메토로 백패커스
- 112 시나 토 잇페이
- 113 북 앤 베드 도쿄

가나가와 神奈川県

- 35 온 더 마크스 가와사키
- 63 가마쿠라 게스트하우스
- 96 게스트하우스 하코네 넨네코야
- 114 가메지칸

니가타 新潟県

- 17 야마노이에 Cafe&Domitory

이시카와 石川県

- 24 게스트하우스 시로
- 106 굿 네이버 호스텔
- 115 게스트하우스 풍기

후쿠이 福井県

- 52 후쿠이 게스트하우스 SAMMIE'S

야마나시 山梨県

- 53 바커스 고후 게스트하우스

나가노 長野県

- 25 게스트하우스 쿠라
- 54 1166 백패커스
- 55 마스야 게스트하우스
- 64 게스트하우스 고즈에노유키
- 72 아즈미노 치큐야도
- 73 게스트하우스 LAMP

기후 岐阜県

- 87 게스트하우스 도마루
- 117 게스트하우스 마치야도

시즈오카 静岡県

- 56 게스트하우스 마루야

아이치 愛知県

- 36 글로컬 나고야 백패커스 호스텔
- 65 미나미치타 게스트하우스 호도호도
- 86 게스트하우스 MADO
- 116 니시아사히 게스트하우스

미에 三重県

66 다비비토야도 이시가카야
97 이세 게스트하우스 츠무기야
107 이세 게스트하우스 가자미

교토 京都府

18 교토 아트 호스텔 쿠마구스쿠
26 게스트하우스 킨교야
27 게스트하우스 와라쿠안
37 LEN 교토 가와라마치
46 피스 호스텔 교토
88 오키노 마치야도
89 게스트하우스 교토 콤파스
98 게스트하우스 가자리야
108 게스트하우스 히츠지안
109 호스텔 노스+키 교토

오사카 大阪府

19 호스텔 로쿠온 오사카
28 게스트하우스 오도리
99 이마자토 게스트하우스
128 오사카 하나 호스텔
129 게스트하우스 유엔

효고 兵庫県

100 히메지가하하 게스트하우스

나라 奈良県

29 게스트하우스 나라 백패커스
47 나라 게스트하우스 3F

와카야마 和歌山県

20 고야산 게스트하우스 코쿠우
130 게스트하우스 리코

돗토리 鳥取県

58 와이 펍 앤 호스텔

오카야마 岡山県

38 호스텔 앤 바 쿠오레 구라시키
67 게스트하우스 유린안
74 아와쿠라 온천 모토유
118 캠프 백패커스 인 앤 라운지
131 도리이 쿠구루 게스트하우스

히로시마 広島県

30 게스트하우스 아나고노네도코
48 게스트하우스 카니와
57 게스트하우스 로쿠
75 88하우스 히로시마

야마구치 山口県

59 게스트하우스 루코

도쿠시마 徳島県

68 에코 게스트하우스 구네루아소부

가가와 香川県

21 뱀부 빌리지
76 게스트하우스 가제노쿠구루
77 게스트하우스 와카바야
78 트래디셔널 아파트먼트
90 게스트하우스 촛토코마
101 게스트하우스 쿠루무
102 TEN to SEN 게스트하우스 다카마츠

에히메 愛媛県		**후쿠오카 福岡県**		**구마모토 熊本県**	
91	센 게스트하우스	39	호스텔 앤 다이닝 탄가테이블	79	게스트하우스 아소비고코로 구마모토
119	시마나미 게스트하우스 시쿠로노이에	132	터널 게스트하우스		
		133	하카타 상가 게스트하우스 카이네	**오키나와 沖縄県**	
고치 高知県				22	스파이스 모텔 오키나와
120	가츠오 게스트하우스	**나가사키 長崎県**		69	나키진 게스트하우스 무스비야
		121	나가사키 가가미야		

책을 읽기 전에

● 이 책에 실린 100곳은 일본 내 TOP 100이 아니라 수많은 게스트하우스 중에서 저자의 인연과 체험을 바탕으로 압축한 100곳입니다. 아래의 (1) 또는 (2)에 해당하는 리스트에서 '첫 게스트하우스로 추천하고 싶다'라는 마음으로 골랐습니다.

1. 2010년 12월 25일부터 여행자나 숙소 운영자에게 여러 번 추천을 받은 곳으로 저자도 실제로 묵은 후, 추천하고 싶다고 느낀 숙소.
2. 2016년 1~3월에 걸쳐 각 숙소 사이트, 각 숙소 사이트의 SNS, 대형 예약사이트의 고객평가와 고객평가 여행사 사이트에 있는 게스트의 정직한 평, 그 평에 대한 숙소의 댓글 등을 읽어본 후에 저자가 실제로 방문하여 추천하고 싶다고 느낀 숙소.

※ '청결할 것', '편안한 수면이 가능할 것'을 중시했습니다.
※ 타이밍이 맞지 않아서 소개하지 못한 게스트하우스도 다수 존재합니다.

● 이 책의 정보는 2016년 6월 기준입니다.
시기에 따라 숙소의 운영이 일부 변경되었을 수 있습니다. 예약할 때는 각 숙소의 인터넷 사이트 등을 통해 최신 정보를 반드시 확인하시기 바랍니다.

● 이 책의 정보는 업계 내의 모든 정보를 망라한 것이 아닙니다. 저자가 약 5년 반 동안 수집한 정보를 기초로 이 책에 실린 숙소 100곳의 협조를 받은 앙케이트 데이터를 참고하여 한사람의 견해를 적은 것입니다.

● 카테고리는 유일한 해당 요소로 분류한 것이 아닙니다. 복수의 해당 요소에서 특히 주목하고 싶은 포인트에 초점을 맞춰서 분류한 것입니다. 예를 들면 카페가 있는 전통가옥을 부부가 운영하며 지역사회와 함께 하는 이벤트를 여는 숙소도 있지만 그 부부의 본연의 모습에 주목하고 싶은 경우 '부부가 함께 맞추는 숙소'로 분류했습니다.

● 이 책에서 등장하는 인물이 늘 현장에 있는 것은 아닙니다. 매력적인 사람 주변에 매력적인 사람들이 모이는 법이니 책에 나오는 인물뿐만 아니라 다른 스태프, 여행자, 마을 사람과의 교류를 즐겨보세요.

● 이 책을 읽으면서 상상했던 숙소 내의 상황이 매일 반드시 일어나는 것은 아닙니다. 성수기에는 만석으로 꽉 찰 수도 있고 비수기에는 게스트가 한두 명뿐일 때도 있습니다. 느긋하게 평온한 하루도 있다면 유일무이한 친구를 사귀는 극적인 하루를 맞이할지도 모릅니다. 어떤 일이 생기든 소중한 만남입니다. 적극적으로 그 모든 것을 즐길 수 있길 바랍니다.

1
예술적인 느낌이 가득, 아트 게스트하우스

미술관을 좋아하고 건축을 사랑하는 당신에게 추천하는 게스트하우스 7곳. 아티스트와 콜라보한 갤러리 전시가 열리는 곳, 건축 디자인으로 정평이 나 있어 세계 각국의 사람들이 방문하는 곳, 예술의 땅으로 유명한 마을과 외딴섬에 있는 숙소 등이 바로 그곳입니다.

※개인실 요금에 대하여
방 하나 당 최저가격을 기본으로 기재했습니다. 1인 이용이 불가거나 여러 명이 나눠쓰는 것이 불가인 경우도 포함되어 있습니다. 어디까지나 기준이며 예약할 때 각 숙소의 사이트에서 정확한 내용을 확인하세요.

카이수
Kaisu

東京都 도쿄도 도쿄시

아트 게스트하우스

아카사카(赤坂)의 요정이 게스트하우스로 변신

아카사카(赤坂)라는 최고의 위치에 있는 게스트하우스. 과거 정재계의 저명인사들이 많이 찾았다는, 지은 지 60년 된 요정이었다. 안마당이 바라보이는 카페&바를 같이 운영하며 정기적으로 예술전시회를 열고 있다. 창업자는 가오즈 씨와 스즈키 씨. 대학시절, 보스턴에서 룸메이트로 지냈던 두 사람은 일본에 돌아와서도 함께 여행했다. 그러면서 '언젠가 같이 뭔가를 시작하자'고 자주 이야기를 나누게 되었다.

친구들이 묵고 싶어할만큼 좋은 숙소를 만들자는 마음으로 익숙한 도쿄 서쪽에서 건물을 찾아 2015년 6월 오픈. 'A hub of connection'을 모토로 카이수(kaisu) 게스트하우스를 통하여 국경을 넘는 유대가 확장되기를 바라고 있다.

대표이사 가와즈 고우키 씨
(오른쪽에서 두 번째)
이사 스즈키 시게토 씨
(왼쪽에서 세 번째)

🏠 東京都 港区赤坂 6-13-5
  (아카사카(赤坂)역에서 도보 5분)
🏠 도쿄도 미나토쿠 아카사카 6-13-5
📞 03-5797-7711
🌐 http://kaisu.jp/ja
¥ 남녀공용 도미토리/여성전용 도미토리/개인실
  1박 1인당 3900엔~ 개인실 1실 10500엔~
  조식 포함

야마노이에(山ノ家) Cafe&Domitory
YAMANOIE Cafe & Domitory

니가타현 토카마치시 新潟県

아트 게스트하우스

시골과 도시의 좋은 점만 담은 게스트하우스

대지 예술제의 고장인 에치고쓰마리(越後妻有). 니가타의 옛 가도변에 있던 전통 가옥을 개조한 게스트하우스. 카페도 함께 운영하며 엄선한 생활잡화와 책 등도 판매하고 있다. 또한 예술가들의 체류도 적극 환영하고 있다. 도쿄에서 디자인 회사 gift_lab를 운영하는 고토 씨와 이케다 씨가 맡고 있다. 동일본대지진 이후 삶의 방식을 돌아보고, 도쿄와 니가타를 오가며 도시와 지방을 이어주는 야마노이에 게스트하우스를 2012년 9월에 오픈했다. 지역 문화를 담은 이벤트 등도 연중 개최. 지금은 외국 게스트와 동네 할아버지가 언어의 장벽을 넘어 교류 하는 등 즐겁고 흥미진진한 일들로 가득 하다고 한다.

주인
이케다 후미코 씨
고토 토시카즈 씨

🏠 新潟県 十日町市 松代 3467-5
　(마츠다이(まつだい)역에서 도보 5분)
🏠 니가타현 토카마치시 마츠다이 3467-5
📧 info@yama-no-ie.jp
💻 http://yama-no-ie.jp/
¥ 남성전용 도미토리/여성전용 도미토리
　1박 1인당 4000엔~

京都府 교토부 교토시

교토 아트 호스텔 쿠마구스쿠

京都アートホステル クマグスク / KYOTO ART HOSTEL kumagusuku

아트 게스트하우스

현대미술을 직접 몸으로 느낄 수 있는 게스트하우스

고우인도오리(後院通) 옆, '숙박형 아트 스페이스'를 컨셉트로 한 독창적인 호스텔이 있다. 일 년을 주기로 하는 미술관의 기획 전시를 보기 위해 정기적으로 찾고 싶어지는 곳이다. 대표인 야즈 씨는 현대 미술 아티스트로 수십 년의 예술가 경험을 통해 작품을 감상하는 새로운 형태로 호스텔을 생각해냈다.

신뢰하는 아티스트와 건축가가 함께 건물을 지어 2015년 1월 오픈했다. 모든 방이 개인실이지만 전시장을 통해서 자연스러운 교류가 이루어지고 있다. "미술 작품 뿐 아니라 인생에 대해서도 함께 이야기를 나눌 때, 이런 공간을 열어 참 다행이라는 생각을 합니다."라고 말하는 야즈 씨.

주인
야즈 요시타카 씨

🏠 京都府 京都市 中京区 壬生馬場町 37-3
　(오미야(大宮)역에서 도보 5분)
　교토부 교토시 나카교구 미부반바정 37-3
📞 075-432-8168
🌐 http://kumagusuku.info
¥ 개인실
　1박 1인당 7560엔

호스텔 로쿠욘 오사카

ホステル ロクヨンオオサカ / HOSTEL 64 Osaka

오사카부 오사카시 大阪府

아트 게스트하우스

일본과 서양이 절충된 디자인 숙소

오사카 미나미 중심가에서 그리 멀지 않은 위치이면서 주택가와도 가까워 직주근접(職住近接)이 가능한 니시쿠 신마치(西区新町)의 4층 건물 호스텔. 리노베이션으로 유명한 건축 디자인 사무소 아트 앤 크래프트(Arts & Crafts)가 공구회사의 사무소 겸 기숙사였던 약 50년 된 빌딩을 개조하여 2010년 3월에 숙소를 오픈하고 경영까지 맡고 있다.
복고풍이면서 현대적이고 일본적이면서 어딘가 서양적인, 복합 인테리어가 아늑한 느낌을 준다. 다다미방도 있어 네덜란드의 한 게스트는 집으로 돌아가 자기 집에도 다다미를 구입해서 깔았다고 한다.

프론트 매니저
시마바야시 미네코 씨

🏠 大阪府 大阪市 西区新町 3-11-20
　(니시나가호리(西長堀)역에서 도보 3분)
　오사카부 오사카시 니시구 신마치 3-11-20
📞 06-6556-6586
🖥 http://www.hostel64.com
¥ 남녀공용 도미토리/개인실
　1박 1인당 3500엔~ 개인실 1실 8100엔~

和歌山県 와카야마현 고야산

고야산 게스트하우스 코쿠우
高野山ゲストハウスKokuu / Koyasan Guesthouse Kokuu

아트 게스트하우스

불교 성지 고야산의 현대적 게스트하우스

구카이 스님이 1200년 전에 개창한 일본 불교 진언종의 성지인 고야산. 50개 이상 있다는 숙방(宿坊) 중에서 유일하게 숙소 이름에 게스트하우스라는 말을 넣었다.

바깥은 다크 그레이색 벽면에 삼각지붕과 굴뚝. 입구부터는 흰 기둥이 정렬해있어 분위기가 완전히 달라진다. 천장에서는 빛줄기가 내려와 마치 교회와 같은 신성한 느낌을 준다. 개인실 외에 상하단으로 나뉜 독방이 있으며 작은 창으로 바깥 풍경이 보여 상쾌하다.

주인 다카이 씨는 인도여행에서 묵었던 숙소에서 아이디어를 얻어 고향 고야산에다 건축회사와 꼼꼼하게 디자인을 의논하여 게스트하우스 건물을 지었다. 2012년 10월부터 부부가 함께 운영하는데 높은 산중에 살면서 세계 여행자들을 만나는 매일이 행복하다고 한다.

주인 다카이 료치 씨

🏠 和歌山県 伊都郡 高野町 高野山 49-43
(오쿠노인마에(奥の院前) 버스정류장에서 도보 3분)
🏠 와카야마현 이토군 고야정 고야산 49-43
📞 0736-26-7216
💻 http://koyasanguesthouse.com/
¥ 남녀공용 도미토리/개인실
1박 1인당 3500엔~ 개인실 1실 6000엔~

뱀부 빌리지

バンブーヴィレッジ / Bamboo Village

가가와현 나오시마 香川県

아트 게스트하우스

예술과 자연이 어우러진 전통 가옥 게스트하우스

세토우치 국제예술제로 세계적인 유명세를 얻고 있는 예술의 섬, 나오시마. 컬러풀한 플래그로 장식된 정원에 이끌려 대나무 숲을 올라가면 혼무라(本村) 시가지와 세토나이카이(瀬戸内海)가 내려다보이는 고지대에 자연과 예술을 융합시킨 전통 가옥 게스트하우스가 보인다.

작가 호소미 히로코 씨의 까마귀와 참새로 만들어진 스토리가 있는 동물 오브제, 도자기(시가라키야키:信楽焼)작가 YA-SUO 씨의 섬세함이 빛나는 그릇 등 예술 작품이 객실과 마당 곳곳에 놓여있다. 건축가 죠니 씨의 도움을 받아 2012년 5월에 게스트하우스로 문을 열었다. 어메니티도 충실하며, 예술을 좋아하는 각지의 다양한 사람들이 모여든다.

주인 야마자키 리에 씨
관리인 죠니 원 씨

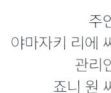

🏠 香川県 香川郡 直島町 本村 3299-2
  (야쿠바마에(役場前) 버스정류장에서 도보 4분)
  가가와현 가가와군 나오시마정 혼무라 3299-2
📞 087-892-3739
🔗 http://bamboovillage37.com/
¥ 남성전용 도미토리/여성전용 도미토리/개인실
  1박 1인당 4000엔~ 개인실 1실 16000엔~
  조식 포함

오키나와현 나카가미
沖縄県

스파이스 모텔 오키나와
スパイスモーテルオキナワ / SPICE MOTEL OKINAWA

아트 게스트하우스

오키나와(沖縄)의 새로운 스타일, 모텔 재현 숙소

본섬 중부에 있는 언덕을 다 오르면 로드무비에 등장할 것 같은 탁 트인 개방감이 돋보이는 디자인모텔(자동차 여행자 대상의 숙소)이 모습을 드러낸다. 건축 디자인 사무소 아트 앤 크래프트(Arts & Crafts)가 지은 지 45년 된 옛 모텔 건물을 2015년 12월에 모던 스타일의 모텔로 바꾸어놓았다. 모든 방이 샤워실, 화장실 완비된 개인실. 라디오를 켜면 기분 좋은 음악이 흐르고 카페도 함께 운영하고 있어 모든 게스트에게 커피를 무료로 제공한다.

아침엔 오키나와의 전통 도넛인 '사타안다기'를 무료로 제공한다. 공용라운지에는 트럼프 같은 놀이도구 외에도 FAX 기능이 있는 무료 프린터도 있다. 테라스는 고급 숙소라 할 정도로 넓다. 친구나 가족과 함께 나하(那覇)공항에서 렌터카를 타고 찾아가면 좋은 곳이다.

다바타 료스케 씨

🏠 沖縄県 中頭郡 北中城村 喜舎場 1066
(자탄초(北谷町)에서 자동차로 10분)
오키나와현 나카가미군 기타나카구스쿠촌 기샤바 1066
📱 098-923-1066
💻 http://spicemotel.com/
¥ 개인실
1박 5200엔~

2
일본 정취 가득한 전통 가옥 게스트하우스

화려하면서도 소박한 일본 전통 문화를 체험하고 싶은 이에게 추천하는 게스트하우스 7곳.
가나자와의 마치야와 교토의 교마치야.
'나가야'라 불리는 좁고 긴 방이 있는 전통 가옥의 툇마루에 느긋하게 앉아 앞뜰의 사계절을 즐길 수 있고, 마음마저 따끈따끈 데울 수 있는 평온한 숙소를 소개합니다.

마치야(町家) : 점포 겸 목조주택인 일본의 전통적인 상가 가옥 형식.
일반적으로 1층이 상점, 2층은 거주 공간으로 되어 있다.

교마치야(京町家) : 교토에 있는 마치야를 이르는 말

이시카와현 가나자와시
石川県

게스트하우스 시로
ゲストハウス白 / Guesthouse Shiro

전통 가옥 게스트하우스

가나자와의 유서 깊은 저택이 게스트하우스로

봄엔 벚꽃으로 여름엔 녹음으로 아름다운 가나자와성 공원과 일본 3대 정원 중 하나인 겐로쿠엔 옆. 옛 번주인 마에다(前田)가문의 가신 중 하나인 마에다 씨의 저택 부지에 있는 118년 된 역사적 건축물 가나자와 마치야(町家)를 활용하여 2014년 8월에 게스트하우스가 문을 열었다.

가와사키 씨 부부가 운영하는 이곳은 흙마루 위로 탁 트인 통층 구조이며 천장을 뚫어 만든 채광창으로 빛이 들어온다. 역사를 담고 있으면서도 아름답고 실용적으로 수리했다. 주방이 딸린 공유 공간에서는 안뜰을 바라보는 호사도 누릴 수 있다. 정리정돈을 좋아하는 지로 씨는 숙박시설에서 근무한 경험을 살려 독립을 결심했다고 한다.

주인
가와사키 지로 씨
가와사키 아스카 씨

🏠 石川県 金沢市 大手町 1-2
   (무사시가츠지(武蔵ヶ辻) 버스정류장에서 도보 7분)
   이시카와현 가나자와시 오테마치 1-2
📞 070-5062-0030
🌐 http://guesthouse-shiro.com/
¥ 남녀공용 도미토리/여성전용 도미토리/개인실
   1박 1인당 3500엔~ 개인실 1실 4500엔~

게스트하우스 쿠라

ゲストハウス蔵 / Guesthouse KURA

長野県 나가노현 스자카시

전통 가옥 게스트하우스

비단 마을의 110년 된 고택을 리뉴얼한 게스트하우스

메이지 시대부터 쇼와 시대 초기까지 일본의 전통 실크 제조 기법인 제사업이 번창했던 스자카(須坂). 당시의 번영을 짐작케 하는 비단 창고가 많이 남아 있다. 그 중에서 110년이 된 과거 제사(製糸) 가문의 집을 수리하여 2012년 10월 게스트하우스로 오픈했다. 큰 감실(집안에 신을 모셔 놓는 곳)과 병풍이 있고 초록빛이 가득한 안뜰 너머로는 비단 창고가 보인다. 서양식 가구가 어우러진 카페도 함께 운영하고 있다.

다다미가 깔린 전통 화실은 여행의 피로를 풀고 편히 쉴 수 있다. 주인 마리나 씨는 전직 일본어교사 경험을 살려 워킹홀리데이를 돕기도 한다. 처음 이곳을 찾은 게스트들이 지역사람들과 어울리고 고향을 찾듯 다시 와주는 것이 기쁘다고 한다.

주인
야마가미 마리나 씨

🏠 長野県 須坂市 本上町 39
  (스자카(須坂)역에서 도보 12분)
  나가노현 스자카시 혼칸마치 39
📞 026-214-7945
💻 http://www.ghkura.com
¥ 남성전용 도미토리/여성전용 도미토리/개인실
  1박 1인당 3000엔~ 개인실 1실 4200엔~

京都府 교토부 교토시

게스트하우스 킨교야

ゲストハウス金魚家 / Guesthouse KINGYOYA

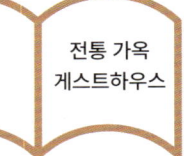

전통 가옥
게스트하우스

알찬 조식으로 유명한 교마치야 게스트하우스

후나오카(船岡) 온천과 이시다다미(납작한 돌을 깐 곳)와 같은 교토의 전통 문화가 진하게 남아 있는 니시진(西陣) 지역의 게스트하우스. 과거 니시진오리(西陣織 : 교토 니시진에서 생산되는 최고급 전통 견직물) 상점인, 약 100년의 정취가 흘러넘치는 교마치야(京町家 : 교토의 전통 가옥)를 수리하여 2010년 4월에 오픈하였다.

노무라 씨 부부가 운영하는 이곳은 옛 우물과 사계절의 변화를 맛볼 수 있는 안뜰, 그리고 뒷마당의 곳간 등 옛 향기가 가득하다. 숙소 안에는 흙화덕과 붓으로 쓴 음료메뉴가 담긴 액자, 다양한 색깔의 테루테루보즈(照る照る坊主 : 걸어놓으면 맑은 날씨를 불러온다는 인형)가 처마 끝에서 달랑거리는 툇마루 등이 있다. 700엔에 제공하는 조식은 반찬 다섯 가지와 구운 생선, 쌀밥, 된장국까지 차려져 나온다.

주인
노무라 다카시 씨
노무라 유미코 씨

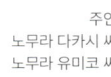

🏠 京都府 京都市 上京区歓喜町243
 (니조(二条)역에서 도보 6분)
🏠 교토부 교토시 가미교구 간키정 243
📞 075-411-1128
🔗 http://kingyoya-kyoto.com/
¥ 남성전용 도미토리/여성전용 도미토리/개인실
 1박 1인당 2700엔~ 개인실 1실 7560엔~

게스트하우스 와라쿠안

ゲストハウス 和楽庵 / Gueshouse WARAKUAN

교토부 교토시 京都府

전통 가옥
게스트하우스

교마치야(京町家) 게스트하우스의 선구자

울창하게 우거진 초록빛 아치 아래 이시다다미(바닥 돌)가 놓인 길다란 입구가 무척 인상적인 게스트하우스. 안쪽으로 쭉 들어가면 100년이 넘은 교토의 전통 상가 가옥인 교마치야를 게스트하우스로 리뉴얼한 풍경이 눈에 들어온다. 초록빛 무성한 안뜰과 해당화가 우아하게 그려진 맹장지 덕분에 바깥 세상을 잊고 느긋하게 묵어갈 수 있다. 헤이안(平安)신궁 등 유명관광지와 가까워 도보 여행자에게도 좋다. 주인 유키 씨는 '교토답게, 생활하듯이 느긋하게, 부담없이 묵을 수 있는' 게스트하우스를 꿈꾸며 목수인 프랑스인 남편과 직접 수리를 했다. 교마치야 게스트하우스가 흔치 않던 2006년 7월에 오픈, 선두 주자로도 유명하다. 일본의 전통 가옥을 체험하려는 외국인과 내국인으로 사계절 내내 인기가 높다.

주인
LE BACQUER 유키 씨

🏠 京都府 京都市 左京区 聖護院山王町 19-2
(진구우 마루타마치(神宮丸太町)역에서 도보 6분)
🏠 교토부 교토시 사쿄구 쇼고인산노정
📞 075-771-5575
🌐 http://kyotoguesthouse.net/
¥ 남성전용 도미토리/여성전용 도미토리/개인실
1박 1인당 2700엔~ · 개인실 1실 6480엔~

大阪府 오사카부 오사카시

게스트하우스 오도리

ゲストハウス おどり / Guesthouse ODORI

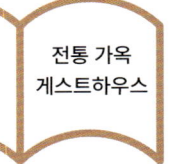

전통 가옥
게스트하우스

사계절을 만끽할 수 있는 세 개의 정원이 있는 곳

오사카의 심볼인 쓰텐가쿠(通天閣)에서 한 정거장, 오래된 상점가와 대중목욕탕인 센토가 있는 조용한 시타마치(下町 : 서민들이 살던 곳). 이곳에 80년 된 멋진 전통 가옥을 개조한, 사계절을 즐길 수 있는 세 개의 정원이 특징인 게스트하우스가 있다. 봄에는 복숭아와 매화, 여름엔 별꽃나리, 가을에는 단풍, 겨울은 동백나무 등을 감상할 수 있다. 개인실 전용 안뜰, 일본식 난로 호리코다츠(掘り炬燵)와 툇마루에서 보이는 안마당까지 훌륭한 정원이 눈을 즐겁게 한다.

주인 아유미 씨는 대학 시절에 배낭여행으로 세계일주를 했다. 그때의 추억과 고마움을 담아 2012년 3월에 오사카 시타마치에서 게스트하우스를 오픈했다. 동네 주민들이 여행자들과 사이좋게 어울리는 모습을 보면 흐뭇한 미소가 절로 나온다고 한다.

주인
시부야 아유미 씨

🏠 大阪府 大阪市 阿倍野区 美章園 3-6-6
(비쇼엔(美章園)역에서 도보 1분)
🏠 오사카부 오사카시 아베노구 비쇼엔 3-6-6
📞 06-7503-2594
💻 http://odori-osaka.com/
¥ 남녀공용 도미토리/여성전용 도미토리/개인실
1박 1인당 2700엔~ 개인실 1실 7560엔~

게스트하우스 나라 백패커스

ゲストハウス 奈良バックパッカーズ / Guesthouse Nara Backpackers

나라현 나라시 　奈良県

전통 가옥
게스트하우스

다도가문의 저택에서 맞는 특별한 하룻밤

나라공원 근처의 조용한 주택가. 유명 다도 선생님이 살았던 100년 된 전통가옥을 리뉴얼한 게스트하우스가 있다. 서원 구조의 커다란 다다미방, 계절을 수놓는 안마당을 즐길 수 있는 담화실, 격자창과 둥근창 등 옛날 번성했던 일본 전통문화를 잘 간직한 저택이다. 그 중에서도 가장 특별한 것은 20년 전까지 실제로 사용하던 다실에서 숙박할 수 있다는 점이다.

주인인 지야 씨는 외국에서 체류할 때 자주 게스트하우스를 이용했다고 한다. 다양한 나라의 사람들과 만남으로 일상이 특별한 비일상이 되는 경험이 좋아서 2011년 3월에 이곳을 오픈하였다. 게스트들의 인연이 여행 이후에도 이어진다는 소식을 들을 때마다 행복하다고 한다.

주인
하마노 다케시 씨

🏠 奈良県 奈良市 油留木町31
　(긴테쓰나라(近鉄奈良)역에서 도보 8분)
　나라현 나라시 유루기정 31
📞 0742-22-4557
✉ http://www.nara-backpackers.com/
¥ 남녀공용 도미토리/여성전용 도미토리/개인실
　1박 1인당 2400엔~ 개인실 1실 3800엔~

広島県 히로시마현 오노미치시

게스트하우스 아나고노네도코

ゲストハウス あなごのねどこ
Guesthouse ANAGONONEDOKO

전통 가옥
게스트하우스

일본 쇼와 시대 느낌의 좁고 길쭉한 복고풍 숙소

산과 바다가 서로 이웃한 골목에 오래된 민가가 모여 있는 오노미치(尾道). 이 거리의 상점가에 지은 지 100년 된 고택을 개조, 쇼와 시대 느낌이 나는 복고풍으로 디자인한 숙소가 있다. 이 집은 폭은 좁지만 안쪽까지의 길이는 긴, 마치 아나고노네도코(붕장어 잠자리) 같은 구조여서 게스트하우스의 이름도 그렇게 붙였다고 한다.

이곳은 NPO법인 오노미치 빈집 재생프로젝트가 운영하고 있다. 국내외 여러 사람들이 오노미치의 매력을 체험할 수 있는 게스트하우스를 오픈하고 누구나 부담없이 묵을 수 있도록 숙박비도 저렴하게 책정하였다. 2012년 12월 오픈, 지금은 이주민이 증가하고 상점가에 활기가 생기는 등 지역 사회 활성화에도 기여하고 있다고 한다.

대표이사 도요타 마사코 씨
(NPO 법인 오노미치
빈집재생프로젝트)

🏠 広島県 尾道市 土堂 2-4-9
  (오노미치(尾道)역에서 도보 20분)
🏠 히로시마현 오노미치시 츠치도 2-4-9
📞 0848-38-1005
💻 http://anago.onomichisaisei.com/
¥ 남성전용 도미토리/여성전용 도미토리
  1박 1인당 2800엔~

3
바(Bar)가 있는 게스트하우스

카페나 바, 다이닝 레스토랑 등을 함께 운영하고 있어서, 꼭 숙박하지 않더라도 즐길 수 있는 게스트하우스도 많습니다. 그 중에서도 "여긴 꼭 가 봐야해!" 강추하는 8곳의 게스트하우스를 소개합니다. 혼자서 커피나 맥주를 마셔도 좋고 게스트들과 함께 어울려도 좋아요. 물론 식사도 맛있답니다.

東京都 도쿄도 도쿄시

게스트하우스 toco.

ゲストハウスtoco. / Guesthouse toco.

Bar가 있는 게스트하우스

무지개색 계단이 있는 전통 가옥 게스트하우스

도쿄에서 일본 전통 문화를 진하게 느껴보고 싶다면 시타마치(下町)의 이리야(入谷)를 추천한다. 이리야역 근처에는 현대식 건물과 전통가옥으로 이루어진 독특한 게스트하우스가 있다. 동네 주민도 즐겨 찾는 이 공간은 전시회와 이벤트가 열리기도 한다. 더욱 놀라운 것은 바 안쪽으로 들어가면 95년 된 전통 가옥이 나온다. 바로 숙박동으로, 멋진 일본식 전통정원이 있어 툇마루에서 벚꽃, 단풍 등 사계절의 표정을 즐기는 호사를 누릴 수 있다.

대학시절 만난 네 사람이 26살 때 Backpackers' Japan을 설립하고, 세계의 여행자가 만나는 공간을 만들자는 생각으로 2010년 10월에 오픈하였다.

매니저
미야지마 도모코 씨

東京都 台東区 下谷 2-13-21
(이리야(入谷)역에서 도보 3분)
도쿄도 다이토구 시타야 2-13-2
03-6458-1686
http://backpackersjapan.co.jp
남녀공용 도미토리/여성전용 도미토리/개인실
1박 1인당 2800엔~ 개인실 1실 6800엔~

누이 호스텔&바 라운지
Nui. HOSTEL & BAR LOUNGE

도쿄도 도쿄시 / 東京都

Bar가 있는 게스트하우스

손바느질하듯 정성을 다하는 마음 설레는 숙소

가죽제품과 염색물, 문구 등 모노즈쿠리의 마을로 알려진 구라마에(蔵前). 에도시대부터 이어진 완구회사의 6층 건물 창고를 전국에서 모인 목수들과 정성껏 개조, 2012년 9월 CAFE&BAR와 함께 이곳을 열었다. 게스트하우스 이름은 '기계보다 사람의 손으로, 정확함보다는 함께하는 사람의 의지'를 담아 일본어로 손바느질을 뜻하는 '누이(縫い)'로 명명하였다.

1층의 바는 나무의 원래 모양을 살린 테이블이 인상적인데, 다양한 게스트들로 늘 다이내믹한 공간이다. 라이브 음악회도 열린다. 누이는 Backpackers' Japan의 2호 숙소로, 국적, 나이, 종교 등 수많은 경계선을 넘어 여행자와 지역민에게도 인기있는 곳이다.

매니저 기리무라 다쿠야 씨

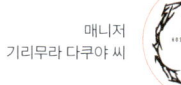

🏠 東京都 台東区 蔵前 2-14-13
　(구라마에(蔵前)역에서 도보 3분)
🏠 도쿄도 다이토쿠 구라마에 2-14-13
📱 03-6240-9854
🌐 http://backpackersjapan.co.jp/nuihostel/
¥ 남녀공용 도미토리/여성전용 도미토리/개인실
　1박 1인당 3000엔~ 개인실 1실 7400엔~

東京都 도쿄도 도쿄시

분카 호스텔 도쿄

ブンカ ホステル トーキョ / BUNKA HOSTEL TOKYO

Bar가 있는 게스트하우스

모던한 느낌이 가득한 아사쿠사 호스텔

아사쿠사(浅草) 상점가의 흰 7층 건물은 지은 지 30년 된 상업빌딩이었다. 이곳을 '지역 교류의 장'을 꿈꾸며 2015년 12월에 음식점을 갖춘 호스텔로 오픈하였다. 일본에서 유행하는 '기분 좋은 감각'을 구현하기 위해 청결하고 쾌적한 공간을 만드는데 전념하고 있다.

1층은 이자카야(居酒屋 : 선술집)로, 오리지널 디자인의 컵술과 조림 같은 일본 가정식을 제공한다. 객실은 1인실부터 가족실까지 여러 타입이 있는데, 도미토리룸은 벙크베드로 게스트의 동선을 고려하여 배치하였다. "친해진 게스트와 해외에서 다시 만나 서로 기뻐했던 일도 있어요. 직업이나 국적을 넘어 친해질 수 있어 행복해요." 라고 가바 씨는 말한다.

지배인
가바 요헤이 씨

🏠 東京都 台東区浅草 1-13-5
 (아사쿠사(浅草)역에서 도보 5분)
🏠 도쿄도 다이토구 아사쿠사 1-13-5
📞 03-5806-3444
💻 http://bunkahostel.jp
¥ 남녀공용 도미토리/여성전용 도미토리/개인실
 1박 1인당 3000엔~ 개인실 1실 16800엔~

온 더 마크스 가와사키

オン ザ マークス 川崎 / ON THE MARKS KAWASAKI

가나가와현 가와사키시 / 神奈川県

Bar가 있는 게스트하우스

맥주와 음악, 사람이 어우러진 대형 숙소

도로에 접한 큰 건물 전체를 활용한 대형 게스트하우스로, 캡슐호텔을 연상케하는 깨끗하고 세련된 객실이 장점이다. 큰 창문으로 개방감을 더하는 1층 다이닝 레스토랑은 훈제 요리와 지역 양조장에서 생산된 다양한 크래프트 맥주가 있어 게스트뿐 아니라 지역민에게도 인기이다. 아날로그 레코드로 음악도 즐길 수 있어 음악과 맥주, 음식과 사람이 어우러지는 흥겨운 곳이다.

객실 내부는 흰색과 푸른 색을 메인으로 모던한 인테리어가 돋보이고, 돌과 모래로 표현한 가레산스이(枯山水) 정원과 독수리를 모티브로 한 모던아트, 개인실에 걸린 그림 등 세련된 분위기가 가득하다. 도쿄와 교토의 숙박시설 등 여러 방면에 걸쳐 사업을 하는 UDS에서 운영하고 있다.

지배인
요시오카 메이지 씨

🏠 神奈川県 川崎市 川崎区 小川町 17-1
　 (가와사키(川崎)역에서 도보 6분)
　 가나가와현 가와사키시 가와사키구 오가와정 17-1
📞 044-221-2250
💻 http://www.on-the-marks.jp/kawasaki
¥ 남성전용 도미토리/여성전용 도미토리/개인실 1박 1인당 3000엔~ 개인실 1인 4800엔~

愛知県 아이치현 나고야시

글로컬 나고야 백패커스 호스텔

グローカル名古屋 バックパッカーズホステル＆カフェバー
Glocal Nagoya Backpackers Hostel

Bar가 있는 게스트하우스

글로벌+로컬의 글로컬, 다문화 공생을 보여주는 숙소

'지역 젊은이들에게 매일 여행하는 즐거움을 주자'는 생각으로 세계와 지역의 가교 역할을 하기 위해 과거 창고 겸 사택으로 쓰이던 건물을 개조하여 2015년 6월에 오픈하였다. 지역 젊은이들을 스태프로 채용하여 일본에 거주하는 외국인과도 적극 교류하고 있다. 함께 운영하는 카페에는 세계 각국의 맥주가 구비되어 있고 인기 메뉴인 라쟈니아도 맛있다. 너무 크지도 그렇다고 작지도 않은 규모라 게스트간의 자연스러운 교류가 장점이다.

나고야역과 도보거리로, 각 층에 화장실, 주방 등이 잘 갖춰져 있고, 원목 이층침대도 깔끔하다. 주인은 백패커로 세계 80개 국을 여행한 이치노 씨와 친구 마츠이로, '다문화공생의 즐거움'을 나고야에서 만들어 나가고 싶다고 한다.

주인
이치노 마사유키 씨(오른쪽)
호스텔 매니저
마츠이 요스케 씨(왼쪽)

🏠 愛知県 名古屋 市中村区 則武 1-21-3
　(나고야(名古屋)역에서 도보 7분)
　아이치현 나고야시 나카무라구 노리타케 1-21-3
📞 052-446-6694
💻 http://www.facebook.com/glocalcafe
¥ 혼합 도미토리/여성전용 도미토리/개인실
　1박 1인당 3240엔~ 개인실 1실 12960엔~

LEN 교토 가와라마치

Len 京都河原町 / Len KYOTO KAWARAMACHI

교토부 교토시　京都府

Bar가 있는 게스트하우스

맥주와 커피를 마시며 쉴 수 있는 아늑한 공간

교토 중심지인 가와라마치와 가까운 곳으로, 조명가게였던 5층 빌딩을 리뉴얼하였다. 1층에 있는 카페는 분위기는 물론이고 커피와 음식맛, 다양한 맥주 등으로 인기인데, Backpackers' Japan이 운영하고 있다. 도쿄의 toco와 nui 게스트하우스를 지은 회사로, 2015년 3월 간사이 지방으로 진출한 첫 숙소이다.

Cafe&Bar가 함께 있어서 여행자들과 교토 주민들까지 다양한 사람들로 늘 활기차다. 커피향과 빵 냄새에 둘러싸인 아침을 맞이할 수 있는 아늑한 숙소로, 아침 8시부터 모닝 카페를 즐길 수 있다. 교토에 머물던 외국인 노부부가 Len을 발견한 다음 매일 아침 저녁으로 찾았다는 에피소드만 들어봐도 이곳이 어느 정도 인기인지 가늠이 된다.

매니저
후지시로 마사토 씨

🏠 京都府 京都市 下京区 河原町 通り松原下ル 植松町 709-3
(가와라마치(河原町)역에서 도보 8분)
🏠 교토부 교토시 시모교구 가와라마치도오리 마츠바라사가루 우에마츠정 709-3
📞 075-361-1177
🌐 https://backpackersjapan.co.jp/kyoto hostel/
¥ 남녀공용 도미토리/여성전용 도미토리/개인실 1박1인당 2600엔~ 개인실 1실 6800엔~

岡山県 오카야마현 구라시키시

호스텔 앤 바 쿠오레 구라시키
Hostel&Bar CUORE / KURASHIKI

Bar가 있는 게스트하우스

구라시키의 멋진 와인 카페가 있는 숙소

구라시키(倉敷) 미관지구에 위치한 이곳은, 와인이 어울리는 스타일리시한 바가 있는 호스텔이다. 건축 디자인회사 쿠오레가 결혼식장이었던 지상 3층 건물을 리뉴얼하여 2014년 7월에 오픈했다. 유리 천장에 중정이 있는 독특한 형태의 건물로, 지하 1층은 천장까지 툭 트인 개방감 있는 공간에 최대 70명이 이용할 수 있는 레스토랑과 바로 운영하고 있다. 옛 공간의 추억을 살려 결혼식 뒤풀이 장소로도 대환영이라고. 객실은 도미토리룸과 샤워실, 화장실이 딸린 개인실까지 준비되어 있다. 무엇보다 깨끗하고 도미토리룸도 개인 공간이 꽤 넓은 것이 장점이다. 바에서 제공하는 조식도 인기이다.

지배인인 이노카와 히로키 씨
(대표이사는 츠치쿠라 테츠야 씨)

🏠 岡山県 倉敷市 中央 1-9-4
   (구라시키(倉敷)역에서 도보 10분)
🏠 오카야마현 구라시키시 츄오 1-9-4
📞 086-486-3443
🌐 https://www.bs-cuore.com
¥ 남녀공용 도미토리/여성전용 도미토리/개인실
   1박 1인당 3780엔~ 개인실 1실 4860엔~

호스텔 앤 다이닝 탄가 테이블
Hostel and Dining Tanga Table

후쿠오카현 기타큐슈시 福岡県

Bar가 있는 게스트하우스

북규슈의 매력을 선물하는 맛있는 공간

북규슈 마을의 숨겨진 매력을 여행자들에게 알리는 탄가테이블. 원래 '리노베이션 스쿨'이라는 기획으로 지역활성화를 위해 북규슈와 인연이 있는 사람들이 모였다. 빈 4층 건물을 게스트하우스로 리뉴얼하고 2015년 9월에 오픈했다. 다이쇼(大正)시대에 생겼다는 탄가(旦過)시장과 가까워 시장에서 산 식재료로 다국적 요리를 제공하는 레스토랑도 함께 운영하고 있다. 빈티지한 분위기의 레스토랑에서 제공하는 조식도 인기이다.

도미토리는 2층 침대 형태인데 높이를 달리해 개인 공간을 확보하고, 침대는 모두 시몬스를 사용하고 있다. 세면시설도 남녀가 분리되어 있으며, 깨끗한 것이 장점. 고쿠라역에서 도보로 이용 가능하고 다양한 연령층이 찾아온다. 단골이 많은 것이 특징이다.

음식 담당 매니저
우메다 에이코 씨
숙박 담당 매니저
니시가타 도시히로 씨

🏠 福岡県 北九州市 小倉北区 馬借1-5-25 ホラヤ
　ビル4F (小倉駅より徒歩8分)
　(고쿠라(小倉)역에서 도보 8분)
　후쿠오카현 기타큐슈시 고쿠라키타구 바샤쿠
　1-5-25 호라야비루 4F
📞 093-967-6284
🌐 https://www.tangatable.jp
💴 남녀공용 도미토리/여성전용 도미토리/개인실
　1박 1인당 2800엔~ · 개인실 1실 3800엔~

[음식 x 게스트하우스] 카페와 바에서 즐긴다

'숙박하지 않고도 즐길 수 있는 게스트하우스'가 있다는 것, 알고 있나요?

숙소 건물 내에서 혹은 옆에서 카페와 레스토랑을 함께 운영하는 게스트하우스가 근래 증가하고 있습니다. 이 책에서 소개하는 100곳 중, 레스토랑을 운영하는 곳은 47%로 거의 절반에 가깝습니다.

게스트에게는 숙소와 식당이 함께 있는 것이 더욱 좋지만, 근처에 사는 이들도 '여행자' 분위기를 즐길 수 있다는 점에서 한결 부담없이 이용할 수 있는 곳이 바로 이런 카페와 레스토랑입니다. 일상에서 '비일상'으로 가는 문이라고 할까요. 게스트하우스에 관심이 있지만 아직 숙박까지 엄두가 나지 않는다면 우선 함께 운영하는 카페나 바에 들러 커피나 맥주를 한 잔 하며 그곳의 분위기를 느껴보는 것은 어떨까요?

음식을 제공하는 스타일도 게스트하우스에 따라 각양각색입니다. 밤에 바만 운영하는 곳부터 조식과 점심까지 가능한 곳, 채식주의자를 위한 매크로바이오틱 요리 전문, 지역의 채소를 활용한 자연파 카페, 가까운 시장의 식재료로 다국적 요리를 선보이는 곳, 와인과 맥주가 어울리는 이탈리아 요리점, 동네 주민에게는 카레전문점으로 알려진 카레가 맛있는 게스트하우스도 있습니다. 주인의 입장에서는 동네 사람들이 부담없이 찾아준다면 더욱 친밀해지고 다양한 이들이 공간을 채워주어 더욱 반갑습니다. 물론 모든 게스트하우스에서 카페나 레스토랑을 운영하는 것이 좋다는 것은 아닙니다. 어떤 공간을 만들고 싶어하는지에 따라서 달라지겠지요.

최근 트렌드에 맞춰 게스트하우스와 바를 함께 시작한 부부가 있었어요. 그런데 최우선이어야 할 게스트에 대한 서비스를 충분히 할 시간이 모자라는 것을 느끼고 '역시 우리는 숙박만!'이라며 바 영업을 접은 곳도 있습니다.

또 매출 변동이 큰 음식업보다는 고정 수입이 되는 월세 아틀리에를 운영하며 신뢰를 쌓고 게스트를 맞는 게스트하우스도 있습니다. 어떤 형태이든 주인의 취향이나 가치관에 따라 달라지겠지요.

제가 좋아하는 찻집이 있습니다. 찾는 이들의 연령대는 높지만 분위기는 게스트하우스의 열린 공간과 똑 닮았습니다. 문득 보면 익숙한 얼굴들이 보이고 주인과 이웃들의 격의 없는 대화가 들려옵니다. 이 찻집처럼 근처에 사는 나이 지긋한 분들도 게스트하우스에 들러 세계각국의 여행객들과 교류를 즐기는 생활, 그런 활기차고 글로벌한 인생을 사는 모습이 당연한 풍경이 되었으면 좋겠습니다.

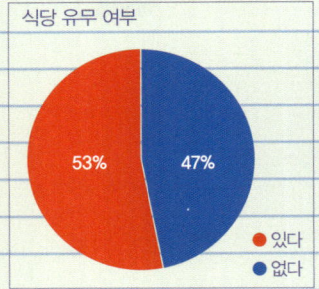

식당 유무 여부
- 53% 있다
- 47% 없다

위의 표는 이 책에 기재된 게스트하우스 100곳에 협조를 받은 앙케이트와 취재에 기초한 데이터입니다.
사진 좌 게스트하우스 가와사키 p35 /우: 호스텔&바 쿠오레 구라시키 p38

4
나홀로 여행객에게도 좋은 게스트하우스

여러 게스트를 즐겁게 만날 수 있는 공간은 물론이고, 자신의 시간을 소중하게 보낼 수 있는 조용한 공간도 충실하게 갖춘 게스트하우스 7곳을 소개합니다. 주방이 넓어 간단한 음식을 만들 수 있거나 집처럼 편안한 곳도 있어요. 특히 장기 여행객과 노마드워커에게 추천하고 싶습니다.

宮城県 미야기현 센다이시

게야키 게스트하우스
欅ゲストハウス / Sendai KEYAKE Guesthouse

혼자 가도 좋은
게스트하우스

느긋하게 쉴 수 있는 과거 일본 요릿집이었던 숙소

느티나무 가로수가 아름다운 죠젠지도오리(定禅寺通り)와 동북지방 최대 번화가인 고쿠분초(国分町)와도 가깝다. 옛날에는 고급 요정이 빼곡하던 곳으로, 옛 요릿집을 개조하여 2014년 3월 게스트하우스로 문을 열었다. 나무로 된 ㄴ자 카운터의 바(Bar) 공간, 안쪽의 다다미 거실은 낮은 상을 놓아 아늑한 분위기이다.
센다이시 중심부에 있어 교통이 편리하며, 개인실과 도미토리룸도 넓어 출장 온 직장인에게도 인기가 많다. 각 공간마다 정취있는 조명이 인상적인데 옛 요릿집 조명을 활용한 것. 주인 나카츠 씨는 "숙소가 좋았다면 또 그곳에 가고 싶다."는 경험을 통해 다시 오고 싶은 곳으로 만들고 싶다고 한다. "게스트의 재방문은 게야키를 통해 센다이를 가깝게 느끼고 있다는 증거 아닐까요?"

주인
나카츠 노조미 씨

🏠 宮城県 仙台市 青葉区 立町 13-4
(센다이(仙台)역에서 도보 20분)
🏠 미야기현 센다이시 아바구 다치마치 13-4
📞 022-796-4946
🌐 http://keyaki2014.com/
¥ 남녀공용 도미토리/남성전용 도미토리/
여성전용 도미토리/개인실
1박 1인당 2800엔~ 개인실 1인당 3800엔~

이로리 니혼바시 호스텔 앤 키친
IRORI Nihongashi Hostel and Kitchen

도쿄도 도쿄시 　東京都

혼자 가도 좋은 게스트하우스

도심과 지방을 잇는, 이로리가 있는 숙소

2015년 10월 니혼바시(日本橋)의 섬유도매상 거리에 오픈한 호스텔. 나리타, 하네다 공항에서 전철로 한 정거장 거리이며, 가까이 지하철 역이 3개나 있는 편리한 위치가 장점이다. 1층 카페에는 이로리(일본식 화로) 테이블이 있어 늘 게스트들이 모여 지역의 마른 안주를 주문해 구워 먹는 풍경이 연출된다.

니혼바시가 지방과 도쿄를 잇는 거점이 되었던 것처럼 '여행자와 지방을 잇는 여행'의 거점이 되고자 지방을 테마로 한 전시회와 체험형 이벤트도 많이 열고 있다. 조용히 쉴 수 있는 공간도 많고, 부엌 시설이 편리해 장기여행자에게도 편리하다. 도미토리는 2단 침대 타입과 세미 더블 침대 타입이 있는데 커튼으로 구분되어 있다.

매니저
츠츠미 신타로 씨
(가장 오른쪽)와
스태프여러분

🏠 東京都 中央区 日本橋 横山町 5-13
　(바쿠로초(馬喰町駅)역에서 도보 3분)
🏠 도쿄도 츄오구 니혼바시요코야마정 5-13
📱 03-6661-0351
💻 http://irorihostel.com
¥ 남녀공용 도미토리/여성전용 도미토리
　1박 1인당 2800엔~

東京都 도쿄도 도쿄시

엠블렘 호스텔 니시아라이

エンブレムホステル 西新井 / EMBLEM HOSTEL NISHIARAI

혼자 가도 좋은
게스트하우스

부대시설 충실한 옛 시티호텔이 게스트하우스로

도심에서 떨어진 듯하지만 의외로 가까운 니시아라이(西新井). 쇼핑몰과 온천 시설이 있어 편리한 지역이다. 옛 시티호텔을 2015년 12월 게스트하우스로 오픈하였다. 2층 침대타입의 도미토리룸과 욕실이 딸린 더블룸 타입이 있다. 욕실과 주방 등 모든 시설이 깨끗하고 인테리어도 훌륭하다.

특히 이곳은 지역과 함께 하는 것을 컨셉트로 하여 상점가의 도움을 얻어 미코시(神輿 : 신을 모신 가마) 메기, 초밥가게 워크숍, 합동 음악 페스티벌 등 다양한 이벤트를 열고 있다. 카페&바도 운영하는데, 낮에는 노마드 워커부터 근처의 주부와 중년층까지 즐겨 찾는다. 밤이면 각국의 게스트들이 어울리는 공간이 된다. 호텔리어였던 주인 이리에 씨는 매일 다양한 사람을 만나는 즐거움에 창업하게 되었다고 한다.

대표이사 이리에
요스케 씨(가운데)와
스태프 여러분

🏠 東京都 足立区 梅島 3-33-6
　(니시아라이(西新井)역에서 도보 1분)
　도쿄도 아다치구 우메지마 3-33-6
📱 03-5845-3490
🌐 http://emblemhostel.com
¥ 남녀공용 도미토리/개인실
　1박 1인당 3000엔~ 개인실 1실 8000엔~

도쿄 휘테

東京ヒュッテ / TOKYO HUTTE

도쿄도 도쿄시　東京都

혼자 가도 좋은 게스트하우스

스카이트리(スカイツリ) 야경을 즐기는 숙소

도쿄의 새로운 랜드마크인 스카이트리역 가까운 시타마치(下町 : 서민들이 살던 곳). 옛 철물창고인 2층 건물을 리뉴얼해 2014년 8월에 옥상테라스가 있는 특별한 게스트하우스를 오픈하였다. 1층 카페 겸 바에서는 세심하게 볶은 원두로 맛있는 커피를 제공한다. 콘센트, 와이파이, 프린터, 팩스, 문구용품까지 완비되어 있어 코워킹 공간으로도 좋다. 시오타 씨 남매와 친구인 후지츠나 씨 세 명 공동 창업으로, 아웃도어를 즐기고 해외경험이 풍부한 공통점으로 뭉쳤다. 사람들이 부담 없이 모이기를 바라는 마음을 담아 '산속 오두막집'을 의미하는 '휘테'라고 이름붙였다. 옥상에서 바라보는 스카이트리 야경이 특히 볼만하다.

대표이사
시오타 히로아키 씨(좌)
누나 야스요 씨(가운데)
후지츠나 씨(우)

🏠 東京都 墨田区 業平 4-18-16
　(오시아게(押上)역에서 도보 2분)
🏠 도쿄도 스미다구 나리히라 4-18-16
📞 03-5637-7628
🌐 http://www.tokyohutte.co.jp
¥ 남녀공용 도미토리/여성전용 도미토리/개인실
　1박 1인당 3000엔~ 개인실 1실 7500엔~

京都府 / 교토부 교토시

피스 호스텔 교토

ピースホステル京都 / PIECE HOSTEL KYOTO

혼자 가도 좋은
게스트하우스

멋진 옥외 테라스가 있는 럭셔리 게스트하우스

굿디자인 상까지 받은 신축 디자인 호스텔. 모던 쉐어하우스 같은 럭셔리한 게스트하우스에서 교토 라이프를 맛볼 수 있다. 다양한 느낌의 숙박 공간은 스마트하고 바 카운터와 주방이 있는 거실 등의 공유 공간이 널찍해 좋다. 그 중에서도 초록빛으로 가득한 옥외 테라스가 가장 인기이다.

세계 각지에서 모인 게스트들이 자연스럽고 편하게 교류를 즐기는 이곳은 부동산 개발회사인 TAT가 운영하고 있다. 대표인 다바타 씨는 약 15년 간 해외생활을 한 경험을 바탕으로 일본 역사와 문화의 매력을 많은 이에게 전하고 싶어 2013년 4월에 피스 호스텔을 오픈하였다. 이름처럼 특별한 여행의 체험이 추억의 조각(PIECE)이 될 수 있도록 노력하고 있다고 한다.

대표이사
다바타 노부유키 씨

🏠 京都府 京都市 南区 東九条東山王町 21-1
　(교토(京都)역에서 도보 3분)
　교토부 교토시 미나미구 히가시쿠죠
　히가시산노우정 21-1
📞 075-693-7077
🔗 http://www.piecehostel.com/kyoto
¥ 남녀공용 도미토리/여성전용 도미토리/개인실
　1박 1인당 2700엔~ 개인실 1실 4500엔~

나라 게스트하우스 3F

奈良ゲストハウス3F / Nara Guesthouse 3F

나라현 나라시 奈良県

혼자 가도 좋은 게스트하우스

대형 나무 테이블과 초록 식물이 어우러진 숙소

역사 도시 나라. 킨텐츠 나라역이 있는 시내 중심가의 식당, 카페, 잡화점 등으로 변화한 복합시설 3층에 위치해 있다. 일식 요리점을 개조한 곳으로, 주인 오카모토 씨는 가구도매상에서 일하면서 가구가 사람의 라이프 스타일을 바꿀 수 있다는 것을 알게 되었다고 한다. 좋은 가구가 좋은 공간을 만들고, 다양한 사람들이 모여서 시간을 공유한다면 더욱 풍성한 삶을 누릴 수 있으리라는 생각으로 2015년 1월, 27살에 게스트하우스를 오픈하였다.

이곳은 가구와 방의 배치가 매우 흥미로운데 특히 숙소 한가운데 거실이 있다. 수령 250년 된 칠엽수로 만든 큰 테이블을 중심으로 식물과 소파를 배치해 마치 숲 속에 있는 느낌이다. 오카모토 씨는 단골 게스트가 많아 오히려 친구 집에 놀러 간 것 같은 느낌이라고 웃으며 말한다.

주인
오카모토 겐지 씨

🏠 奈良県 奈良市 小西町5アルテ館3階
　(킨테츠 나라(近鉄奈良)역에서 도보 1분)
⌂ 나라현 나라시 고니시정 5 아루테칸 3F
📞 0742-95-9730
🌐 http://guest-house3f.com
¥ 여성전용 도미토리/개인실
　1박 1인당 3500엔~ 개인실 1실 9000엔~

히로시마현 미야지마
広島県

게스트하우스 카니와

宮島ゲストハウス鹿庭荘 / HOSTEL KANIWA

혼자 가도 좋은
게스트하우스

일본 3경 미야지마 여행에 최적인 숙소

푸른 바다 가운데 서 있는 붉은색 오토리이(大鳥居)가 강렬한 인상을 주는 이츠쿠시마(厳島)신사가 있는 미야지마. 세계문화유산이자 일본 3대 명승지여서 늘 여행자로 넘치지만, 숙박 시설은 많지 않다. 마츠다 씨는 이 섬에 "누구라도 부담없이 묵을 수 있는 게스트하우스를 만들자."는 생각으로 2015년 11월에 오픈하였다.

옛 기념품 판매점 건물을 리뉴얼한 것인데, 일본과 외국 게스트하우스, 호스텔을 꼼꼼하게 비교, 연구하고 건축가와 함께 게스트를 위한 최적의 공간을 만들기 위해 노력했다. 또한 여성 인테리어 코디네이터가 내부 장식과 컬러까지 세심하게 마무리해서 여성 게스트로부터 호평이 높다. 하룻밤 묵지 않으면 절대 경험할 수 없는 이른 아침과 늦은 밤 미야지마의 아름다운 풍광을 마음껏 즐길 수 있다.

대표이사
마츠다 다츠오 씨

🏠 広島県 廿日市 市宮島町 1165-11
　(미야지마잔 산바시(宮島桟橋)에서 도보 1분)
🏠 히로시마현 하츠카이치시 미야지마정 1165-11
📞 0829-30-6679
💻 http://kaniwa.co.jp
¥ 남녀공용 도미토리/여성전용 도미토리
　1박 1인당 3000엔~

마을과 친해지는 게스트하우스

일본 고유의 문화를 지닌 지역의 매력을 맛볼 수 있는 여행을 원한다! 이런 분에게 추천하고 싶은 게스트하우스 10곳.
여행자와 마을 주민이 자연스럽게 만날 수 있도록 고민하고 배려한 '지역 마을 만들기'에 관심이 있다면 더욱 좋아할 만한 곳이에요.

北海道 홋카이도 오타루시

오타루나이 백패커스 호스텔 모리노키
おたるないバックパッカーズホステル杜の樹
The Otarunai Backpacker's Hostel MorinoKi

마을과 친해지는 게스트하우스

오래도록 사랑받는 오타루의 게스트하우스

1999년 9월 오픈해 17년 동안 꾸준하게 여행자들의 사랑을 받는 곳. 이 책에 소개한 게스트하우스 중 가장 오래된 노포 게스트하우스이다. 오타루 운하와 스시 거리에서 걸어 갈 수 있다. 주택가 언덕을 올라가다 보면 갑자기 담쟁이 덩굴로 덮인 돌담이 나타나고, 계단 끝에는 약 80년이 된 빨간 지붕의 전통 가옥이 보인다. 집에 들어서면 웰시코기 하구와 흑백색 고양이 모모가 반기고, 벽면에는 만화, 잡지, 레코드 등이 빼곡하게 정리되어 있다. 나도 모르게 보물찾기 하듯 들여다 보게 된다.

마사키 부부는 약 20년 전 함께 워킹홀리데이를 떠나 200곳이 넘는 백패커스 호스텔에서 묵었다고 한다. 부담 없는 숙소를 거점으로 마을과 친해지는 매력에 이끌려 오픈하게 되었다.

주인
하라다 마사키 씨

🏠 北海道 小樽市 相生町 4-15
　(오타루(小樽)역에서 도보 15분)
　홋카이도 오타루시 아이오이정 4-15
📱 0134-23-2175
🌐 http://morinoki.infotaru.net
¥ 남녀공용 도미토리/여성전용 도미토리/개인실
　1박 1인당 2800엔~ 개인실 1실 4300엔~

하나레
hanare

東京都 도쿄도 도쿄시

마을과 친해지는 게스트하우스

마을 전체가 여행자를 반기는 게스트하우스

사원과 옛 건물 그대로 상점가가 남아있는 야나카(谷中). 마을을 숙소처럼 즐길 수 있는 독특한 시스템의 게스트하우스가 2015년 11월 문을 열었다. 마을을 돌아보는 산책길을 안내하고 체험과 즐길 거리를 만들어 내는데, 먼저 카페&갤러리 HAGISO 2층에서 숙박 접수를 받는다. 안내원이 낮과 밤으로 나뉜 오리지널 지도를 주며 추천 코스를 제안한다. 그렇게 마을을 걸어서 숙박동인 하나레에 도착하는 시스템이다.

하나레는 지은 지 50년 된 목조아파트로, 편리하게 리뉴얼하여 개인실로만 구성하였다. 샤워시설이 있지만 대중 목욕탕인 센토 이용 요금이 포함되어 있어 일본 마을 목욕탕을 체험하도록 한 것도 재미있다. 아침이면 걸어서 카페 HAGISO에 가 조식을 먹는다.

HAGISO 대표
미야자키 고우키치 씨

🏠 東京都 台東区 谷中 3-10-25 HAGISO
 (닛포리(日暮里)역에서 도보 5분)
🏠 도쿄도 다이토구 야나카 3-10-25 HAGISO
📞 03-5834-7301
💻 http://hanare.hagiso.jp
¥ 개인실
 1박 1인당 12000엔~
 조식 포함

> 후쿠이현 후쿠이시
>
> 福井県

후쿠이 게스트하우스 SAMMIE'S

福井ゲストハウス SAMMIE'S
Fukui Guesthouse SAMMIE'S

> 마을과 친해지는 게스트하우스

'후쿠이 사람이 안내하는 후쿠이'를 즐길 수 있는 곳

건설회사에서 7년간 일한 경력을 지닌 사키코 씨는 고향으로 돌아와 직접 리뉴얼한 집을 2015년 8월 후쿠이(福井)시 최초의 게스트하우스로 오픈하였다. 최근 후쿠이는 청년들을 중심으로 후쿠이의 매력과 지역 문화를 살리는 사업을 펼치고 있다.

사키코 씨도 서른살 무렵 전직을 고민하던 중, 후쿠이에 게스트하우스가 있으면 좋겠다는 생각으로 도전하게 되었다고 한다. 이후 퇴직과 동시에 고향 후쿠이에 와서 목조 주택의 매력을 살린 빈티지한 느낌의 게스트하우스를 오픈하였다. 지역 농가와 음식점을 연결하고, 안경업이 유명한 이곳에 메가네(안경) 페스티벌을 기획하는 등 다양한 활동을 펼치고 있다.

주인
모리오카 사키코 씨

🏠 福井県 福井市 日之出 2-6-8
　(후쿠이(福井)역에서 도보 5분)
　후쿠이현 후쿠이시 히노데 2-6-8
📞 0776-97-9559
💻 http://sammies.jp
¥ 남성전용 도미토리/여성전용 도미토리/개인실
　1박1인당 3300엔~ 개인실 1실 6900엔~

바커스 고후 게스트하우스

バッカス甲府ゲストハウス / BACCHUS KOFU Guesthouse

야마나시현 고후시 山梨県

마을과 친해지는 게스트하우스

지역 주민과 함께 환대! 마을 전체가 숙소

술의 신 바커스의 이름을 따 맛있는 술과 튀김 등 일본 가정식을 합리적인 가격대에 맛볼 수 있는 고후 최초의 게스트하우스. 비즈니스 호텔을 개조하여 2015년 12월에 오픈하였다. 대표 노다 씨는 야마나시(山梨)현 출신으로 해외 근무경험을 거쳐 U턴한 케이스이다. 요시다 씨는 야마나시에서 대학 시절을 보내고 도쿄에서 직장생활을 하다가 I턴(도시에서 태어나 살다가 농촌으로 내려가는 것)하였다. 고후는 고령화 등으로 과거의 활기를 많이 잃었지만 최근 젊은이들이 마을로 돌아와 조금씩 활기를 찾아가는 중이다.

현지 동료들과 함께 게스트를 대접하는 경우가 많고 여행 상담을 하다가 그대로 마을 산책으로 이어지는 일도 많다. 현지 밀착형 안내 덕분에 고후의 팬이 된 경우도 많다고 한다.

대표 노다 히로시 씨(좌), 바 스태프인 가나자와 유야 씨(가운데), 숙소 매니저인 요시다 요스케 씨(우)

🏠 山梨県 甲府市 丸の内 3-33-12
   (고후(甲府)역에서 도보 13분)
   야마나시현 고후시 마루노우치 3-33-12
📞 055-298-4747
💻 http://bacchus-kofu.net
¥ 남녀공용 도미토리/여성전용 도미토리
   1박 1인당 3200엔~

長野県 나가노현 나가노시

1166 백패커스
1166バックパッカーズ / 1166backpackers

마을과 친해지는 게스트하우스

나가노 최초 게스트하우스

일본에서 가장 오래된 불상이 있는 사찰 '젠코지善光寺'. 몇 년 전부터 젠코지를 중심으로 '마음을 움직이는 삶'을 꿈꾸는 이들의 움직임이 활발해졌다. 빈집을 활용한 특색있는 가게들이 문을 열면서 나가노는 흥미진진한 곳이 되고 있다. 1166 백패커스도 대표적인 곳 중 하나.

주인 이모로 씨는 나가노의 매력에 이끌려 2010년 이주, 같은 해 10월 나가노 최초의 게스트하우스를 열었다. 여행업계에서 일한 경험을 살려 게스트에게 맞는 최적의 여행을 제안하고 있다. 스태프와 함께 나가노 주변 여행지를 돌며 꼼꼼하게 정보를 모아 안내하기 때문에 신뢰도가 더욱 높다. 객실은 이층 침대 스타일로, 반질반질한 마루바닥과 나무창 등 목조주택의 빈티지함을 즐길 수 있다.

주인 이모로 오리에 씨

🏠 長野県 長野市 西町 1048
(하나노코지(花の小路) 버스정류장에서 도보 1분)
나가노현 나가노시 니시마치 1048
📞 026-217-2816
🌐 http://1166bp.com
¥ 남녀공용 도미토리/여성전용 도미토리/개인실 1박1인당 2800엔~ 개인실 1실 6000엔~

마스야 게스트하우스

マスヤゲストハウス / MASUYA Guesthouse

나가노현 시모스와 / 長野県

마을과 친해지는 게스트하우스

100년 료칸이 게스트하우스로 탄생

스와타이샤 (諏訪大社 : 4개의 신사를 묶어 스와타이샤라고 부른다), 나가노현 최대의 호수, 온천, 작은 공방, 대를 잇는 식당 등 볼거리가 많은 나가노현의 시모스와(下諏訪). 그 곳에 100년이 넘은 전통 료칸을 리뉴얼한 게스트하우스가 있다. 주인 교코 씨는 시모스와에 매료되어 2014년 8월 마스야를 오픈하였다. 하루 여행객이 많은 이곳에 부담없이 묵을 수 있고, 다시 오고 싶게 만들겠다는 마음으로 시작했다고. 전통 목조주택의 구조는 그대로여서 건물을 구경하는 것만으로도 특별한 경험이 된다. 룸은 2층 침대 형태이고 탁 트인 통층 구조의 거실 중앙에 빨간 벽돌의 난로가 인상적이다. 낮에는 한가로이 쉴 수 있고, 밤이면 지역민들도 찾는 바(Bar)로 변신한다.

주인 사이토 교코 씨

🏠 長野県 諏訪郡 下諏訪町 平沢町 314
(시모스와(下諏訪)역에서 도보 6분)
🏠 나가노현 스와군 시모스와 마치정 히라사와정 314
📞 0266-55-4716
💻 http://masuya-gh.com/
¥ 남녀공용 도미토리/여성전용 도미토리/개인실
1박 1인당 2900엔~ 개인실 1실 4000엔~

시즈오카현 아타미시
静岡県

게스트하우스 마루야
Guesthouse MARUYA

마을과 친해지는 게스트하우스

역사 깊은 바닷가 온천 마을 아타미 숙소

바닷가 온천으로 유명한 아타미. 최근 쇠락해가는 이곳에 활기를 불어넣고 지역 활성화를 위해 노력하는 NPO법인 아타미스타(atamista) 대표인 이라키 씨가 회사 마치모리를 설립하고 오래된 창고 건물을 개조해 2015년 9월 게스트하우스를 오픈하였다.

주말에는 '걸어서 마을 투어'를 개최, 희망자들과 함께 걸으며 아타미를 소개하고 있다. 조식은 지역 식재료로 만든 된장국과 밥을 300엔에 제공한다. 맞은편의 노포 건어물 가게에서 게스트가 직접 고른 건어물을 숙소 처마 아래서 구워 먹기도 하고 마을을 구경하며 느긋하게 바다와 온천을 즐길 수도 있다. 마루야 덕분에 가까운 도시에서 아타미를 찾거나 이주하는 이들도 늘고, 두 지역살이를 시작한 경우도 있다고 한다.

주인
이치키 고이치로 씨
(여주인은 안도 유카 씨)

🏠 静岡県 熱海市 銀座町 7-8 1F
　(산비치(サンビーチ)버스정류장에서 도보 5분)
　시즈오카현 아타미시 긴자정 7-8 1F
📞 0557-82-0389
💻 http://guesthouse-maruya.jp/
¥ 남녀공용 도미토리/개인실
　1박 1인당 3888엔~ · 개인실 1실 10800엔~

게스트하우스 로쿠

ゲストハウス碌 roku / roku hostel in Hiroshima

히로시마현 히로시마시 広島県

마을과 친해지는 게스트하우스

동네 할머니도 조식을 먹으러 오는 게스트하우스

히로시마 성과 평화공원, 미야지마 등 여행지와 접근성이 좋은 신하쿠시마(新白島)에 위치. 우거진 녹음 속에 색색 파티플래그 아치로 장식한 현관이 재미있어 보이는 건물이다. 디자인 회사를 경영하는 마코 씨는 일본에서 게스트하우스에 묵었을 때 세계가 이어진 다채로운 공간의 매력에 빠지게 되었다고. 결국 서른이 되었을 때 오래된 민가를 개조해 2014년 6월 게스트하우스를 오픈하였다. "돌아오는 사람과 맞이하는 사람을 만들자"라는 마음을 담았다.
목조 주택으로 객실은 2층 침대형식이고, 전체적으로 깔끔하면서도 아기자기한 인테리어가 사랑스럽다. 'nana'라는 이름의 Bar를 함께 운영하는데, 거의 매일 아침을 이곳에서 먹는 할머니, 애견과 함께 테라스석에서 커피를 마시는 할아버지 등 동네 주민에게도 사랑받는 게스트하우스.

주인
고바야시 마코 씨

🏠 広島県 広島市 中区 白島九軒町 6-18
　(신하쿠시마(新白島)역에서 도보 5분)
🏠 히로시마현 히로시마시 나카쿠 하쿠시마 쿠켄정 6-18
📞 082-221-6789
🌐 http://roku-hostel.com/
¥ 남녀공용 도미토리/여성전용 도미토리/개인실
　1박 1인당 2900엔~ · 개인실 1실 7000엔~

57

돗토리현 돗토리시
鳥取県

와이 펍 앤 호스텔
Y Pub & Hostel

마을과 친해지는 게스트하우스

돗토리의 감성이 빛나는 게스트하우스

돗토리역에는 이자카야(居酒屋)와 스낵 바 등이 모여있는 상점가가 있다. 이곳에 최근 개성 강한 북카페와 식당 등이 생겨나고 있다. 4채의 온천이 밀집되어 있는 이 마을에 2016년 1월 오픈한 와이 펍 앤 호스텔은 옛 가게와 주택을 개조했다. 1층은 펍 겸 레스토랑이고, 2층은 호스텔로 룸은 나무로 만든 캡슐호텔 같은 느낌이다. 운영은 우카부 LLC(うかぶLLC)에서 하고 있다.

일상에서 떠나온 여러 게스트가 모여 뜻밖의 변화를 경험하고 일상에 지쳐 잊어버린 감성을 되찾을 수 있는 곳이 되길 바라며 이 숙소를 열었다고 한다. 돗토리 사구 등 여행지와의 접근성도 좋고, 게스트하우스에서 정리한 여행 정보를 지도로 짚어가며 꼼꼼하게 안내해준다. 덕분에 추천받은 가게에서도 주인과 마음이 맞아 신나게 이야기를 나누게 된다.

주인
나카가와 가오루 씨

🏠 鳥取県 鳥取市 今町2-201 トウフビル 1F・2F
(돗토리(鳥取)역에서 도보 5분)
🏠 돗토리현 돗토리시 이마마치 2-201 도후비루 1F 2F
📞 0857-30-7553
💻 http://y-tottori.com/
¥ 남녀공용 도미토리/여성전용 도미토리
1박 1인당 2800엔~

게스트하우스 루코

ストハウス ruco / hagi Guesthouse ruco

야마구치현 하기시
山口県

마을과 친해지는 게스트하우스

야마구치 토박이의 야마구치 최초 게스트하우스

하기(萩)는 메이지유신을 대표하는 요시다 쇼인, 이토 히로부미의 고향으로 유명한 죠카마치(城下町:봉건제 영주의 거성을 중심으로 그 근처에 발달한 마을)이다. 이곳에 옛 음악전문학교 건물을 리뉴얼하여 야마구치(山口)현 최초의 게스트하우스가 문을 열었다. 2013년 10월에 오픈한 이곳은 유리 현관과 바닥부터 건물 천정까지 보이는 뚫린 통층 구조가 인상적이다. 건물 곳곳에 도자기와 염색물 등으로 장식하여 하기의 전통을 느껴볼 수 있다.

주인 시오 씨는 하기에서 나고 자란 토박이다. 고향에서 오래도록 할 수 있는 일을 찾아 외국으로 떠났다가 게스트하우스라는 답을 찾아 고향으로 돌아왔다고 한다. 도보 여행코스를 물으면 가게의 주인들 성격까지 소개하며 하기와 '하기 사람의 매력'을 전파하고 있다.

주인
시오미츠 나오히로 씨

🏠 山口県 萩市 唐樋町 92
  (하기(萩)버스센터에서 도보 1분)
🏠 야마구치현 하기시 가라히마치 92
📞 0838-21-7435
🌐 http://guesthouse-ruco.com/
¥ 남녀공용 도미토리/여성전용 도미토리/개인실
  1박 1인당 2800엔~ 개인실 1실 4500엔~

Column 2

[지역×게스트하우스] 숙소를 통해 그 마을이 좋아진다

지역의 거점이자 가이드….
게스트하우스의 역할로 자주 이야기되는 것입니다. 이유는 간단합니다. 게스트하우스는 '완결되지 않은 숙소'이기 때문입니다.

가벼운 여행의 숙소인 게스트하우스는 대부분 '식사 불포함, 욕조가 없는 공용 샤워룸, 공용 공간 있음'의 형태로 운영됩니다. 조식과 석식을 추가 주문할 수 있거나 아이 동반 가족여행자도 안심할 수 있도록 욕조가 있는 곳도 있지만 여관이나 호텔처럼 '코스 요리, 대형 욕실, 은밀한 개인 공간'과는 대비되는 곳입니다.

그러나 부족한 부분이 있기 때문에 오히려 마을과 연결될 수 있습니다. 마을 사람들의 일상을 경험하면서 소박한 매력을 느낄 수도 있고, 마을의 다양한 모습들을 충분히 만끽할 수 있어요. 그런 생각에서 마을 전체를 숙소로 이용할 수 있는 방법을 다방면으로 찾고 있습니다.

예를 들어, 몇몇 숙소에는 '오리지널 지역 지도'가 있습니다. 운영자가 지역의 곳곳을 돌아보며 추천하고 싶은 곳을 중심으로 정리한 핸드메이드 지도입니다. 게스트가 지역 정보를 물어올 때면 반가운 마음으로 여행 루트를 제안하기도 합니다. 빨간 펜이나 색연필로 현지 사람들에게 사랑받는 음식점과 대중목욕탕에 표시해 주며 웃는 얼굴로 손님을 배웅하는 모습도 보입니다. 또는 '마을 한 바퀴 투어'를 정기적으로 열거나 시간이 맞으면 주인이 게스트와 동행해 마을을 돌아보는 곳도 있습니다. '지역의 사람들'과 가까워 질 수 있도록 마을 사람들과 여행자가 교류하는 이벤트를 개최하거나 홈페이지에 지역 사람들을 소개하는 글을 업로드하는 곳도 있습니다.

때로는 지역의 아침 시장을 위해 일주일에 한번 마당을 개방하거나 지역 작가의 작품을 전시하고 판매도 할 수 있는 갤러리 공간을 제공하기도 합니다. 이 모든 것은 지역 사람과 게스트에게 행복한 경험을 전해주는 아이디어들입니다. 게스트하우스와 지역은 완결형의 숙박시설 등과 비교하면 보다 밀접한 상호보완의 관계를 이룹니다.

1999년 오픈한 오타루의 모리노키(杜の樹)의 주인 마사키 씨는 이런 말을 해 주었습니다. "작은 숙소로 인해 마을을 찾게 되고 그것이 마을 경제에도 도움을 줘요. 약 20년 전, 해외에서 묵었던 게스트하우스에서 그런 인상을 받았어요. 작지만 큰 일을 해내는 그 모습에 흥미를 갖고 게스트하우스의 호스트가 되고 싶다는 생각을 하게 되었답니다."라고.

숙소를 시작으로 마을의 매력을 느끼게 되고 마을 전체가 좋아져서 다시 숙소와 마을을 찾는 것. 게스트하우스와 지역의 관계는 마치 자연생태계와도 비슷합니다.

사진 좌 : 오타루나이 백패커스 호스텔 모리노키 p50
사진 우 : 게스트하우스 마루야 p56

6
만남이 있는 게스트하우스

나홀로 여행이지만 가족 같은 경험을 할 수 있는 곳!
마음을 나눌 수 있는 친구를 기대하는 이들에게 추천하는 게스트하우스 8곳입니다. 게스트가 모두 모여 서로 인사하고 함께 음식과 술을 나누고 온천에 함께 가는 곳들입니다. 8곳 모두 자연과 역사를 만끽할 수 있는 아름다운 마을에 자리하고 있어요.

千葉県 치바현 사토야마

와토야

わとや / WATOYA

만남이 있는 게스트하우스

대자연에 둘러싸인 사토야마 게스트하우스

오타키(大多喜)의 맑은 물과 계단식 논이 남아있는, 대자연에 둘러싸인 사토야마 고지대의 게스트하우스. 지은 지 100년이 넘은 전통 가옥을 리뉴얼한 이곳은 위치가 탁월하다. 마을이 내려다보이는 큰 테라스와 나무줄기를 타고 오르는 도미토리룸은 마치 트리하우스를 연상하게 한다.

매니저인 가즈 씨는 도시 생활에 지쳐 자연과 함께 정직한 생활을 하고 싶다는 생각을 하다가 사토야마에 반해 이주했다고 한다. 버려진 땅을 개간하여 벼농사를 지으며 일본의 오랜 미덕인 '지속가능한 생활'을 체험할 수 있는 농가민박을 2015년 8월에 오픈하게 되었다. 와토야에서는 아름다운 비경인 계단식 논 견학과 모내기 체험도 할 수 있다. 둥글게 모여 가마솥에서 지은 밥과 게스트와 함께 만든 반찬을 나누며 정겨운 이야기를 나누는 풍경이 인상적이다.

매니저
마에다 가즈 씨

🏠 千葉県 夷隅郡 大多喜町 筒森 810
　(츠츠모리(筒森) 버스정류장에서 도보 7분)
🏠 치바현 이스미군 오타키마치 츠츠모리 810
📱 0470-64-6351
💻 http://www.watoya.com
¥ 남성전용 도미토리/여성전용 도미토리
　1박 1인당 5000엔~
　2끼분 식재료 비용 포함

가마쿠라 게스트하우스

鎌倉ゲストハウス / Kamakura Guesthouse

가나가와현 가마쿠라시 神奈川県

만남이 있는 게스트하우스

이로리가 있는 전통 가옥에서 하룻밤

일본의 역사 도시 가마쿠라에 위치한 전통 가옥 게스트하우스. 궁궐이나 사찰 건물을 전문으로 하는 목수인 미야다이쿠(宮大工)가 가족을 위해 지은 요릿집을 오카무라 씨 부부가 게스트하우스로 개조해 2010년 7월에 오픈했다. 못은 일체 사용하지 않고 아키타 삼나무를 기둥으로 한 멋진 전통 목조가옥이다. 게스트하우스 도미토리룸은 2층 침대 형식이 많은데, 이곳은 다다미 방에 깨끗한 침구가 놓여있어 일본 전통 문화를 체험하고 싶은 이들에게 인기.

장인이 만든 폭신폭신한 일본식 이불과 전통 정원, 넓은 거실 한가운데 있는 이로리 등 모든 시설이 훌륭하다. 게스트와 함께 이로리 앞에 모여 나베를 만들어 먹거나 안주를 굽고 따끈하게 데운 술을 마시기도 한다. 부엌이 넓고 조리기구도 잘 갖춰져 있다.

주인
오카무라 타쿠 씨
오카무라 나츠요 씨

🏠 神奈川県 鎌倉市 常盤 273-3
 (가지와라구치(梶原口) 버스정류장에서 도보 1분)
🏠 가나가와현 가마쿠라시 도키와 273-3
📞 0467-67-6078
🌐 http://www.kamakura-guesthouse.com
¥ 남성전용 도미토리/여성전용 도미토리/개인실
 1박 1인당 3000엔~ 개인실 1실 15000엔~

長野県 나가노현 오타리무라

게스트하우스 고즈에노유키
ゲストハウス梢乃雪
Guesthouse KOZUENOYUKI

만남이 있는 게스트하우스

한적한 산골의 시골 체험 숙소

산들로 겹겹이 둘러싸인 골짜기 오타리무라(小谷村). 드문드문 보이는 전통 가옥 중에 지은 지 150년 된 중후한 전통 가옥 게스트하우스가 있다. 대표 가즈오 씨가 '시골로 이어지는 공간 만들기'의 일환으로 2011년 4월에 이곳에 문을 열었고 지금은 4년간 함께 일한 겐타 씨가 운영을 맡고 있다. 이곳은 일본 산골 생활을 체험할 수 있는 것이 특징이다.

겐타 씨와 함께 게스트들은 직접 채소를 수확해 음식을 만들고 이로리(囲炉裏 : 일본식 화로) 앞에 모여 저녁을 즐기는 모습도 인상적이다. 봄이면 마당에 자란 머윗대와 땅두릅을 따서 튀김을 해 먹기도 한다고. 희망자에게는 온천 송영도 서비스한다. 혼자여도 가족과 함께 시골 체험을 하는 것처럼 즐거운 분위기를 만들어 준다. 도미토리룸과 개인룸이 있으며, 숙박비에는 조식과 석식 식재료비가 포함되어 있다.

점주 야마구치 겐타 씨
(대표는 다츠미 가즈오 씨)

- 長野県 北安曇郡 小谷村中土 12965-1
  (미즈호(瑞穂) 버스정류장에서 도보 8분)
- 나가노현 기타아즈미군 오타리 무라촌 나카츠치 12965-1
- 080-8019-4478
- http://kominkasaisei.net
- 남성전용 도미토리/여성전용 도미토리/개인실
  1박 1인당 4600엔~ 개인실 1인당 4600엔~
  2끼분 식재료 포함

미나미치타 게스트하우스 호도호도

南知多ゲストハウスほどほど / Guesthouse Hodohodo

아이치현 미나미치타 愛知県

만남이 있는 게스트하우스

해산물로 포트럭 디너!
치타(知多)반도 최남단 숙소

나고야에서 가까운 이세(伊勢)만, 석양과 낚시꾼들의 모습을 볼 수 있는 평온한 어촌 마을. 농업과 축산업도 번성해서 지역 식재료가 풍부한 미나미치타에 정원이 8명인 게스트하우스가 있다. 주인 고스기 씨 부부는 세계 일주 크루즈여행에서 만나 결혼했다고 한다. 30대 중반, 2013년 5월 이곳에 교류형 숙소를 열었다.

이곳의 자랑은 매일 밤 열리는 해산물 포트럭 디너 파티. 게스트들이 마을에서 산 신선한 식재료로 요리를 만들어 한자리에 모이는데, 가까이 슈퍼와 항구가 있고 저녁시장도 열려 싱싱한 생선, 꽃게, 큰바지락 등을 부엌에서 삶거나 굽기만 해도 일품요리가 완성된다. 지금은 "호도호도가 있어서 미나미치타에 왔어요!"라는 말을 자주 듣는다. 미나미치타는 온천마을로도 유명하다.

주인 고스기 마사유키 씨
고스기 나나 씨

🏠 愛知県 知多郡 南知多町 豊浜鳥居 7-3
(다카하마(高浜)버스정류장에서 도보 3분)
🏠 아이치현 치타군 미나미치타정 도요하마 도리이 7-3
📞 090-1314-5227
💻 http://hodohodo.jimdo.com
¥ 남성전용 도미토리/여성전용 도미토리
1박 1인당 3000엔~

미에현 가메야마시

다비비토야도 이시가키야

ゲストハウス 旅人宿 石垣屋 / tabibitoyado ishigakiya

만남이 있는 게스트하우스

역참마을 홈스테이, 가족과 친구가 늘어나는 숙소

약 200채에 이르는 전통 마치야가 늘어서 있는 마을. 일본 전통판화인 도카이도의 53경치(東海道五十三次)에도 등장하는 역참마을 세키야도(関宿)는 상업 관광지의 때가 묻지않아 역사의 숨결이 유유히 흐르는 곳이다. 이곳에 지은 지 125년 된 전통 가옥을 개조한 게스트하우스가 있다.

류큐견(琉球犬)인 유리코와 다쿠야 씨 가족이 반갑게 게스트를 맞는다. 부부는 애견과 함께 살 곳을 찾아 일본 전국을 여행하였다고 한다. 그리고 반년 만에 이곳으로 결정하고, 친구들의 응원으로 2009년 3월에 게스트하우스를 오픈하였다. '간소한 여행을 통해 세상을 보고 싶어하는 여행자'를 위해 침낭 지참의 저렴한 플랜도 내놓았다. 홈스테이 같은 편안함에 매료되어 오토바이, 자전거, 자동차, 전철, 트래킹 등 다양한 방법으로 이곳을 찾는 여행자들이 많다.

주인
츠츠미 다쿠야 씨
안죠 씨

🏠 三重県 亀山市 関町中町 445
(세키(関)역에서 도보 10분)
미에현 가메야마시 세키쵸 나카마치 445
📞 0595-96-3680
💻 http://ishigakiya.tyonmage.com
¥ 남성전용 도미토리/여성전용 도미토리/개인실
1박 1인당 2500엔~ 개인실 1박 4500엔~
※체크인 20:00까지

게스트하우스 유린안

有鄰庵 / Guesthouse U-rin-an hostel

오카야마현 구라시키시
岡山県

만남이 있는
게스트하우스

운하가 아름다운 구라시키 미관지구 숙소

버드나무 가지가 흔들리는 아름다운 운하를 따라, 흰 회벽과 검은색 지붕이 특징인 창고가 딸린 저택들이 늘어선 이곳은 구라시키 미관지구이다. 이곳에 위치한 유린안에서 에도시대로 타임슬립한 듯한 체험을 할 수 있다. 지은 지 약 100년과 300년된 두 채의 전통가옥 현관문을 열고 들어서면 흙마루에 900년 된 상수리나무 판자로 만든 커다란 테이블이 보인다. 저녁이면 게스트들이 테이블을 둘러싸고 서로 소개하는 시간을 갖고, 스태프가 돈독한 만남을 이끈다.

2011년 4월에 오픈한 이래로 지금까지 세계의 여행자들이 찾고 있는데, 아름다운 구라시키를 더욱 유명하게 만든 게스트하우스이기도 하다. 미관지구 안에는 일본 최초 서양미술관인 오하라(大原)미술관이 있고 여러 전통 공방과 음식점, 전통 가옥, 운하에서 배타기 등 볼거리와 체험거리가 다양하다.

주인
나카무라 아츠요시 씨

🏠 岡山県 倉敷市 本町 2-15
　(구라시키(倉敷)역에서 도보 10분)
　오카야마현 구라시키시 혼마치 2-15
📞 086-426-1180
🌐 http://u-rin.com
¥ 남녀공용 도미토리/여성전용 도미토리/개인실
　1박 1인당 3780엔~ 개인실 1실 9900엔~

도쿠시마현 미요시
徳島県

에코 게스트하우스 구네루아소부

自然菜食と田舎暮らしの古民家宿 空音遊
Japanese Eco Guesthouse Kunelasob

만남이 있는 게스트하우스

채식과 일본 시골 생활을 체험할 수 있는 숙소

푸른 산과 에메랄드빛 계곡. 오보케(大步危)역에서 산길을 걷다 보면 끝에 등장하는 숙소가 있다. 약 90년 된 전통 가옥을 수리하여 2004년 3월에 오픈한 구네루아소부는 '일본 최초의 전통 가옥 게스트하우스'다.

절벽에 위치한 이곳에서는 골짜기 아래로 강이 흐르고 이른 아침이면 먼 산을 감싼 구름바다를 볼 수 있고, 밤이면 반짝이는 별들이 하늘을 뒤덮는 신비로운 풍경을 만날 수 있다. 이곳의 또 하나 특징은, 고기와 생선을 전혀 사용하지 않은 매크로바이오틱 창작 요리를 내놓는 것. 평소에 보기 힘든 멋진 요리가 접시에 화려하게 올려지는데 어느 것이나 일품이다. 아침과 저녁 식사 포함 외에도 역과 온천까지 송영 서비스도 한다. 한가로이 시간을 보내며 힐링할 수 있는 산골 게스트하우스.

주인
노리 씨

🏠 徳島県 三好市 西祖谷山村榎 442
(오보케(大步危)역에서 차로 10분 거리
송영 가능, 예약 필요)
도쿠시마현 미요시 니시이야야마 무라촌 에노키 442
📞 080-6282-3612
💻 http://www.k-n-a.com
¥ 개인실
1박 1인 10800엔~
2식 포함

나키진 게스트하우스 무스비야

なきじんゲストハウス結家 / Nakijin Guesthouse MUSUBIYA

沖縄県
오키나와현 구니가미

만남이 있는
게스트하우스

파도 소리를 반주삼아 활기찬 파티가 열리는 숙소

한없이 투명한 바다가 앞으로 펼쳐져 있고, 연분홍빛과 보랏빛 조개껍질이 해변을 장식하는 곳. 마당에는 초록의 잔디가 있고 선잠을 부르는 해먹까지…. 방에서 바다를 바라볼 수 있고 BBQ세트는 물론, 서핑 보드, 드럼통 욕조까지 빌릴 수 있어 환상적인 오키나와의 매력에 푹 빠질 수 있는 곳. 매일 저녁이면 '포트럭 파티'를 열고, 파도 소리를 반주삼아 악기를 연주하며 즐거운 시간을 보내는 곳.

흥겨운 파티를 주도하는 주인 유이코 씨는 유랑서커스단 단원이었다. 전국을 돌며 많은 사람들에게 받은 친절과 사랑을 돌려주기 위해 2003년 4월 게스트하우스를 오픈하였다. 추라우미(美ら海)수족관까지 차로 13분 거리라 오키나와 여행에도 좋은 위치이다.

주인
히오키 유이코 씨

🏠 沖縄県 国頭郡 今帰仁村仲尾次 609
(나키진(今帰仁)촌사무소 앞 버스정류장에서 송영 가능. 예약 필요)
오키나와현 구니가미군 나키진촌 나카오시 609
📞 090-8827-8024
🖥 http://musubiya.co
¥ 남녀공용 도미토리/개인실
1박 1인 2200엔~ 개인실 1박 3500엔~

Column 3

[체험×게스트하우스] 다같이 온천! 저녁식사!

나 홀로 여행임을 잊고 마치 지인의 집에 놀러 간 듯한 경험을 할 수 있는 게스트하우스가 있습니다. 사토야마(마을 산) 꼭대기, 넓은 바다가 펼쳐진 반도 끝, 계곡이 내려다보이는 산 중턱 등 대자연에 둘러싸인 이곳들은 게스트의 편의를 위해 차량 등 여러 지원 프로그램을 준비하는 경우가 많습니다. 기꺼이 친구가 되어 함께 여행길에 동참하는 거지요.

가장 가까운 역이나 근처 온천장까지 송영서비스 하거나, 지역에서 난 식재료로 게스트가 모두 모여 저녁준비를 하거나 주인이 직접 음식을 만들어 주기도 합니다. 테이블이나 이로리(화로) 앞에 모여 먹고 마시며 느긋하게 이야기를 나누는 사이, 어느덧 친구가 되고 마지막에는 함께 기념 사진을 찍는 것으로 마무리. 이 인연은 추억으로만 남지않고 일상에서도 지속되는 경우도 많습니다.

시골에 있는 숙소의 경우, 주인이나 운영자가 같은 지붕 아래 또는 근처에 사는 경우가 많습니다. 그래서 지역의 유래나 역사, 현지인들만 아는 경치 좋은 곳 등의 정보에 밝고, 밭에서 캔 제철 채소의 조리법이나 실제 농사를 지으며 알게 된 생생한 정보가 가득합니다. 자연스럽게 나누는 별것 아닌 대화에서 교과서나 여행 책에 나오지 않는 그 지역의 특급 정보를 얻기도 하니까요.

시골 체험이 즐거워 보이지만 처음 만나는 이들과 계속 뭔가를 함께 해야한다는 것이 좀 부담스러울 수도 있을 거예요. 너무 걱정 마세요. 모든 체험은 선택할 수 있답니다. 주차 가능 여부에 따라 자가용이나 오토바이를 이용해 따로 갈 수도 있고 온천을 좋아하지 않는다면 숙소에서 샤워를 해도 괜찮습니다.

숙소에 따라서는 체크인을 할 때 만난 사람들끼리의 소개 시간을 갖는 곳도 있지만 함께 식사를 하든, 혼자서 산책을 하든 자유로운 곳도 있습니다.

또 매일 밤 '한 사람당 한 가지씩 요리를 만들어서 모이는 포트럭 파티'를 정기적으로 여는 곳도 있고 비정기적 이벤트를 여는 숙소도 많습니다.

이 책에 소개된 100곳 중에서 80퍼센트 이상의 숙소가 '이벤트가 있다(비정기 포함)'라고 답을 했습니다. 더 자세한 이벤트 정보는 각 숙소의 사이트나 Facebook에서 얻을 수 있습니다.

하던 일을 그만 두고 다음을 계획 중이거나, 시간은 있지만 친구와 휴가 기간을 맞추기 어렵다면 이런 교류체험이 많은 게스트하우스를 추천합니다. 혼자여도 가족과 함께 있는 것 같은 편안함을 느낄 수 있답니다. 또 비수기엔 비슷한 상황의 친구를 만날 가능성이 많아요. 가까운 친구에게 말하지 못한 고민을 털어놓을 수 있을지도 모르니까요.

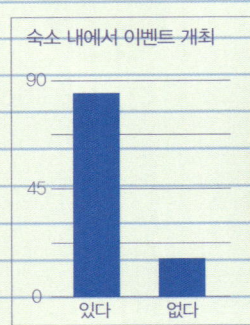

위의 표는 이 책에 기재된 게스트하우스 100곳에 협조를 받은 앙케이트와 취재에 기초한 데이터입니다.
사진 좌: 미나미치타 게스트하우스 호도호도 p65 / 우: 게스트하우스 이시가키야 p66

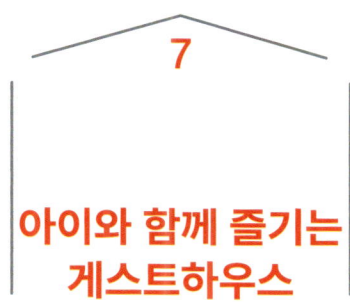

7
아이와 함께 즐기는 게스트하우스

아이와 함께 여행하는 가족 여러분! 많이 기다리셨습니다.
목욕탕에 욕조가 있거나 온천이 있는 숙소,
주인도 육아 경험이 있어 아이가 있는 가족에게 유연한 대응을 하는 숙소,
모내기와 자연 체험 활동이 가능한 숙소 등 아이와 어른이 함께 즐길 수 있는 8곳의 게스트하우스를 소개합니다.

長野県
나가노현 아즈미노시

아즈미노 치큐야도

安曇野 地球宿 / The Earth Inn

아이와 함께 즐기는 게스트하우스

임산부도 환영하는 북알프스로 둘러싸인 숙소

나가노 북알프스의 사과농원 옆, 아이와 함께 하는 가족도, 임산부도 환영하는 농가 숙소. 주인이 쌀, 들깨, 양파를 무농약 재배하는 논밭에서 농사 체험을 할 수 있고 여름에는 논에서 벌레를 쪼아 먹는 오리의 모습도 볼 수 있다. 치큐야도에 묵는다면 식사가 포함된 플랜을 추천한다. 건강한 자연 요리를 먹으며 함께 이야기하는 시간은 참 정겹다.

주인 보자부로 씨 가족은 먹을거리를 직접 재배하는 환경에서 아이를 키우고 싶어 도쿄에서 나가노로 이주했다. 그리고 2007년 7월 게스트하우스를 오픈했다. 가끔 가까운 조산원에 다니는 임산부의 산전 스테이도 열려 숙소에 있는 모두가 아이의 탄생을 기다리며 새로운 생명을 축복한다고 한다. 기차역과 온천으로 송영이 가능하다.

주인
마스다 보자부로 씨

🏠 長野県 安曇野市 三郷小倉 4028-1
(히토이치바(一日市場)역에서 송영가능. 예약필요)
나가노현 아즈미노시 미사토 오구라 4028-1
📞 080-5486-6111
💻 http://chikyuyado.com
¥ 남성전용 도미토리/여성전용 도미토리/개인실
1박 1인당 3000엔~
개인실 1인당 3000엔~
2식 포함 5000엔~

게스트하우스 LAMP

ゲストハウスLAM / Guesthouse LAMP

長野県 / 나가노현 노지리

아이와 함께 즐기는 게스트하우스

아이들과 풍부한 자연체험이 가능한 호숫가 숙소

나가노 북부, 노지리(野尻) 호숫가의 게스트하우스. 자연체험 프로그램이 많은 이곳에서 봄이면 산나물 뜯기, 여름이면 호수에서 카약이나 SUP(패들보드) 타기, 가을이면 버섯 캐기, 겨울에는 스키와 눈밭을 오르내리는 스노슈(Snowshoe) 등 이벤트가 가득하다. 숙소 안에는 키즈 스페이스와 나무 욕조가 있는 욕실이 갖춰져 있고, 뷔페스타일의 조식도 가능해 아이를 동반한 가족도 편하게 지낼 수 있다.

이곳은 1975년에 창업한 선데이플래닝 아웃도어스쿨의 숙박 공간이었는데, 겨울이면 손님이 적어 "많은 사람이 모일 수 있는 곳을 만들고 싶다."는 생각으로 창업자의 장남이 리뉴얼해 2014년 5월에 오픈하게 되었다. 함께 운영하는 레스토랑의 식사도 인기여서 지금은 사계절 내내 게스트로 붐빈다.

지배인 홋타 이츠키 씨
(앞줄 오른쪽에서 2번째)

🏠 長野県 上水内郡 信濃町野尻 379-2
　(구로히메(黒姫)역에서 송영가능. 예약필요)
🏠 나가노현 가미미노치군 시나노 마치정 노지리 379-2
📞 026-258-2978
🔗 http://www.sundayplanning.com/lamp
¥ 남녀공용 도미토리/여성전용 도미토리/개인실
　1박 1인당 2700엔~
　개인실 1실 4500엔~

오카야마현 니시아와쿠라
鳥取県

아와쿠라 온천 모토유

あわくら温泉 元湯 / AWAKURA ONSEN MOTOYU

아이와 함께
즐기는
게스트하우스

키즈룸까지 갖춘 온천 게스트하우스

숲 마을인 니시아와쿠라(西栗倉)에는 카페와 바가 있는 온천 게스트하우스가 있다. 라듐온천으로 꽤 유명했지만 2011년 폐업한 것을 2015년 온천 게스트하우스로 재오픈했다. 온천과 난로의 조화가 재미있는 이곳은 장작으로 지은 맛있는 밥을 먹을 수 있어 인기다.

리뉴얼하면서 가족 여행자를 위해 키즈룸, 수유실, 탈의실에 어린이 침대 등을 완비하고, '어린이 카운터'라고 쓰여진 낮은 수납처도 있어 이즈츠가의 어린 카운터들이 등장하는 등 가족 모두에게 즐거운 공간이 되도록 세심하게 배려하였다. 주인 이즈츠 씨는 재생가능에너지 회사를 운영하는데, 2015년 4월에 신사업의 일환으로 게스트하우스를 시작하였다. 오랫동안 사랑받던 온천이 다시 문을 열어 지역민들도 기뻐했다고 한다.

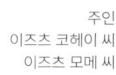

주인
이즈츠 코헤이 씨
이즈츠 모메 씨

🏠 岡山県 英田郡 西粟倉村影石 2050
   (아와쿠라온센(あわくら温泉)역에서 도보 22분
   송영 가능. 예약필요.)
   오카야마현 아이다군 니시아와쿠라촌
   가게이시 2050
📞 0868-79-2129
💻 http://motoyu.asia
¥ 남녀공용 도미토리/여성전용 도미토리/개인실
   1박 1인당 3240엔~
   개인실1실 6480엔~

88하우스 히로시마

88ハウス広島 / 88house Hiroshima

広島県 히로시마현 히로시마시

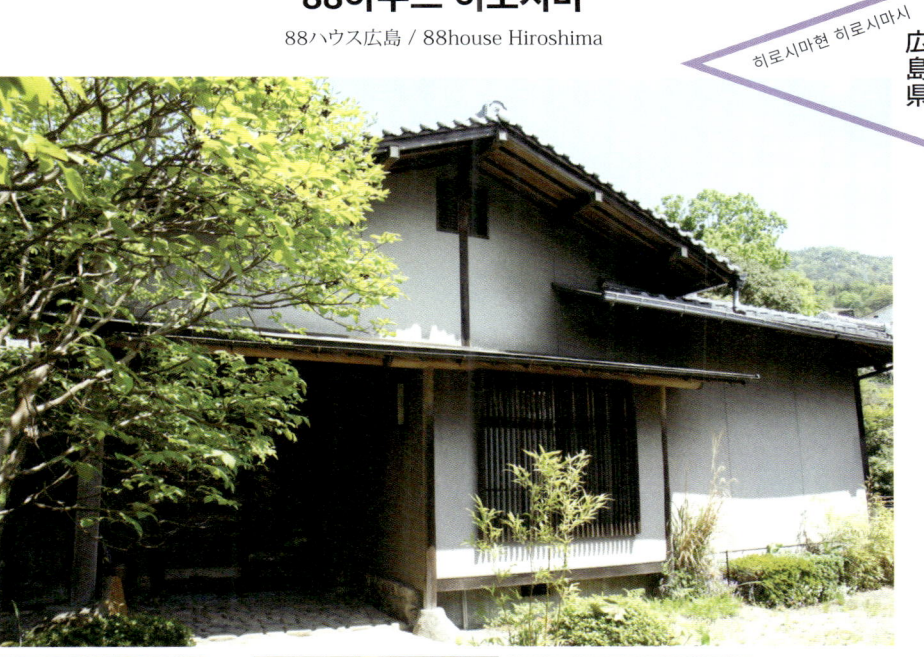

아이와 함께
즐기는
게스트하우스

앞마당 캠핑을 즐길 수 있는 히로시마 게스트하우스

히로시마(広島)역에서 차로 15분 거리에 약 2000평방미터의 논이 있는 자연 체험형 게스트하우스가 있다. 분재 가게 주인이 살던 40년 된 단층집을 리뉴얼해 2014년 4월에 게스트하우스로 오픈하였다. 툇마루에서 보이는 마당은 건물 면적과 맞먹을 정도로 넓다. 이곳에서 텐트와 아웃도어용 조리도구 등을 유료로 빌려 캠핑과 BBQ도 즐길 수 있다. 부담 없이 아웃도어를 즐기고 싶은 아이를 동반한 가족에게 안성맞춤이다. 가까이에 시냇가도 있고, 논에서 벼농사 견학과 체험도 할 수 있다.

모모타 씨는 캐나다에서 워킹홀리데이를 마치고 아웃 도어 회사에서 근무하였다고 한다. 그 경험을 살려 아내의 고향인 히로시마로 이주해 게스트하우스를 열게 되었다고.

주인
모모타 켄고 씨

🏠 広島県 広島市 東区馬木 1-7-3
　(가미누쿠시나(上温品) 소학교 입구 버스정류장에서 도보 5분)
　히로시마현 히로시마시 히가시구 우마키 1-7-3
📞 080-3770-9769
💻 http://88hiroshima.com
¥ 개인실
　1박 1인당 3300엔~

게스트하우스 가제노쿠구루

ゲストハウス お遍路宿 風のくぐる / Guesthouse Kazenokuguru

香川県 / 가가와현 젠츠지시

아이와 함께 즐기는 게스트하우스

시코쿠 순례길의 바람과 빛이 넘나드는 숙소

가가와현 젠츠지(善通寺), 시코쿠(四国) 순례길(お遍路:오헨로) 가까이에 있는 숙소. 시코쿠에는 88개 사찰을 순례하는 순례길이 있는데, '일본의 산티아고 길'로 불릴 정도로 유명하다. 가제노쿠구루는 이 순례길 중 젠츠지 가까이 있는데, 네모난 건물에 난 54개의 작은 창으로 밤이면 불빛이 새어나와 예술작품 같다. 건물 중앙에는 뚫린 통층 구조의 테라스가 있어 시원스럽다. 주인 우지이에 씨는 젊은 시절, 각국의 유스호스텔을 자주 이용하는 여행자였다.

'바람이 통하는 기분 좋은 건물'을 콘셉트로 건축가에게 의뢰해 자택 겸 게스트하우스를 지었다. 2012년 12월에 오픈. 시설도 깨끗하고, 욕조가 있는 넓은 욕실과 세탁기, 건조기도 무료로 사용할 수 있어 순례객이나 아이가 있는 가족에게 편리하다. 가가와의 자랑인 사누키 우동의 종류인 가마아게, 붓카케 등으로 방 이름을 지은 것도 재미있다.

주인 우지이에 마사타케 씨

🏠 香川県 善通寺市 上吉田町 306-1
(젠쓰지(善通寺)역에서 도보 13분)
가가와현 젠츠지시 가미요시다정 306-1
📞 0877-63-6110
🔗 http://kuguru.net
¥ 남성전용 도미토리/여성전용 도미토리/개인실
1박 1인당 3000엔~
개인실 1실 3800엔~

게스트하우스 와카바야

ゲストハウス若葉屋 / Guesthouse wakabaya

가가와현 다카마츠시 / 香川県

아이와 함께
즐기는
게스트하우스

호텔맨이 만든, 아이가 있는 가족을 환영하는 공간

'가족과 늘 함께 하는 일'을 꿈꾸던 다케시 씨는 외국에서 호스트의 집이 붙어있는 게스트하우스에 머물면서 자신의 꿈을 실현할 아이디어를 찾았다고 한다. 그리고 다카마츠(高松)에 자택 겸용 게스트하우스를 지어 2014년 7월 오픈했다. 와카미야 씨는 호텔맨으로, 부부가 함께 청년해외협력대 경험도 있고 영어실력도 뛰어나다. 외국인 게스트에게도 능숙하게 여행 안내를 할 수 있는 정도. 풍부한 지역 정보를 바탕으로 여행자에게 딱 맞는 여행을 제안하는 등 거실에서는 매일매일 즐거운 작전회의가 벌어진다. 어린 아들을 키우는 와카미야 씨 부부는 아이가 있는 가족을 환영한다. 깨지지 않는 식기와 방수시트 등의 어린이용품, 무료주차장, 욕조가 있는 욕실 등 아이를 배려한 시설도 잘 갖춰져 있다.

주인
와카미야 다케시 씨와 가족

🏠 香川県 高松市 観光町 603-1
　(하나조노(花園)역에서 도보 5분)
　가가와현 다카마츠시 간코우정 603-1
📞 070-5683-5335
💻 http://wakabaya.main.jp
¥ 남녀공용 도미토리/개인실
　1박 1인당 3000엔~ 개인실 1실 3500엔~

香川県 / 가가와현 다카마츠시

트래디셔널 아파트먼트

トラディショナルアパートメント / Traditional Apartment

> 아이와 함께 즐기는 게스트하우스

장인 마을에서 예술과 현지를 접하는 숙소

다카마츠 도심의 장인마을로 번성했던 가와라마치(瓦町)역 동쪽에 위치한 게스트하우스. 옛 페인트 직공들 숙소였던 60년 된 아파트를 리뉴얼하여 2015년 8월 게스트하우스로 문을 열었다. 현관에는 앤디 워홀의 그림을 연상케 하는 혁명가와 음악가를 그린 작품이 걸려있어 뭔가 아지트 같은 분위기가 물씬 난다.

주인 우치다 씨는 전직 은행원으로, 벽에 걸린 그림을 직접 그렸다고 한다. 개인실은 화장실과 주방이 딸려있는 다다미 방이며 라운지&바도 운영하고 있다. 게스트만 이용할 수 있는 곳이어서 아이가 있는 가족도 안심하고 라운지&바를 이용할 수 있다. 사누키 우동의 본고장이자 고토히라, 리츠린 공원, 나오시마 등 가까이 유명 여행지가 많은 다카마츠의 매력을 알리기 위해 노력하고 있다.

주인 우치다 다이스케 씨

🏠 香川県 高松市 塩上町 1-3-7
   (하나조노(花園)역에서 도보 5분)
🏠 가가와현 다카마츠시 시오가미정 1-3-7
📞 090-2893-2640
💻 http://traditional_apt.com
¥ 남녀공용 도미토리/개인실
   1박 1인당 2700엔~·개인실 1실 4000엔~

게스트하우스 아소비고코로 구마모토

ゲストハウス阿蘇び心 熊本店 / Guesthouse ASOBIGOKORO kumamoto

구마모토현 구마모토시
熊本県

아이와 함께
즐기는
게스트하우스

즐거운 여유와 배려가 가득한 게스트하우스

정원을 바라볼 수 있는 툇마루와 즐거운 여유가 있는 숙소. 거실에서는 아이도 즐길 수 있도록 트럼프처럼 부담 없는 게임을 매일 열어 캐릭터 상품인 구마몬을 경품으로 주기도 한다. 추천음식점 정보를 모아놓은 가이드북에는 가게의 사진 메뉴를 수록해 게스트에게 영어로 설명해주어 큰 호평을 받고 있다. 주인 도시야스 씨는 아소(阿蘇)에 매료되어 14년 전에 이곳으로 이주했다.

여행사 근무 경험을 바탕으로 게스트하우스 아소점을 시작하였고, 2015년 2월에는 구마모토점을 오픈했다. 크루즈 트레인 나나츠보시(ななつ星)의 관광가이드도 맡고 있는 그는, 2016년 구마모토 지진 직후에도 직접 복구에 나서며 '어떤 상황에서도 긍정적으로'를 외치고 있는 열정의 소유자이다.

주인
요시자와 도시야스 씨

🏠 熊本県 熊本市 中央区世安町 487
(구마모토(熊本)역에서 도보 15분)
🏠 구마모토현 구마모토시 츄오구 요야스 마치정 487
📞 096-327-5533
✉ http://www.aso.ne.jp/asobi-gokoro/kumamoto
🛏 남녀공용 도미토리/여성전용 도미토리/개인실
1박 1인당 3500엔~ · 개인실 1실 8000엔~

Column 4

[가족x게스트하우스] 아이와 함께 즐긴다

"아이와 함께 묵을 수 있는 게스트하우스도 있나요?"

의외로 이런 질문을 자주 듣습니다. 몇 년 전만 해도 게스트하우스라면 으레 '어린이 사절 또는 상담 필요'가 대부분이었어요. 그 이유는 게스트하우스 건물의 특성에 있습니다. 약 90% 이상이 기존 건물을 개조하였고 신축은 약 1%입니다. 게다가 50% 이상이 50년이 넘는 목조 건축물 등 오래된 건물이라고 합니다. 게다가 20명 정도 묵을 수 있는 소규모 숙소이니 개인실을 이용하더라도 어린 아이가 울거나 떠드는 소리는 크게 들리기 마련입니다.

이런 환경에서 무리하게 아이가 있는 게스트를 받고 신경을 쓰는 것보다 미리 거절하는 편이 서로에게 좋을 것이라고 판단하는 숙소가 많았습니다. 또 다른 이유는 운영자의 연령대가 상대적으로 어렸다고 할 수 있어요.

그러나 근래에는 '아이 있는 가족을 환영'하는 게스트하우스가 조금씩 늘고 있어요. 이 책에 소개한 100곳을 앙케이트한 결과를 보면 오픈 시점이 2010년부터 2015년 사이가 약 80%이며, 오픈 당시 주인의 나이는 35세 이하가 절반 정도 됩니다. 즉 숙소 운영자가 부모세대가 되는 시기와 맞아떨어지기 시작했다는 점입니다. 과거 '친구와 즐겁게 보내는 공간'에서 아이를 둔 운영자가 '가족도 이용할 수 있는 안정된 공간'으로 만들어가고 있는 것 같습니다.

그래서 신축건물이나 여관, 아파트, 기숙사 건물을 개조한 게스트하우스들은 '아이 동반 환영'을 내걸기도 합니다. 욕조가 있는 욕실, 어린이 공간, 깨지지 않는 식기 등을 갖추고 모내기나 자연 체험 프로그램도 운영합니다.

한편 건물의 건축 연수나 규모 등에 상관없이 임산부부터 아이 동반 가족까지 반갑게 맞이하는 옛 전통 가옥 숙소와 주인 부부의 아이들이 '어서오세요.'라고 인사하는 숙소도 있습니다.

요즘에는 공용 공간인 거실과 다이닝 공간 외에 부엌, 욕실, 화장실이 딸린 개인실을 늘려 가족이 이용하기 편리하도록 한 게스트하우스도 많아졌습니다. 가족이 함께 게스트하우스에 묵으면 어린 시절부터 세계의 여행자들을 만나는 경험을 하게 됩니다. 이는 아이에게 무척 좋은 자극이 되리라 생각합니다.

최근에는 "반려동물과 함께 갈 수 있는 게스트하우스도 있나요?"라고 묻기도 합니다. 아무래도 한정적이긴 하지만 앞으로 트렌드가 될지도 모릅니다. 개나 고양이, 심지어 토끼까지 반겨주는 숙소는 있지만 아직은 반려동물 동반을 허용하는 숙소는 손에 꼽을 정도여서 앞으로 늘어났으면 하는 희망을 가져봅니다.

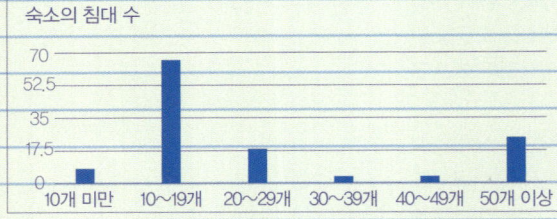

위의 표는 이 책에 기재된 게스트하우스 100곳에 협조를 받은 앙케이트와 취재에 기초한 데이터입니다.
사진 우: 아와쿠라 온천 모토유(元湯) p74

부부가 맞아주는 게스트하우스

부부가 함께 경영하는 숙소는 왠지 더 안정감 있어 보이지 않나요?
남편과 아내의 인품이 어우러져 온화한 편안함이 흐르는
게스트하우스 10곳을 소개합니다.
주인 부부의 아이들이 '안녕하세요?' 라며 인사를 건네는 따뜻한
곳도 있어요.

北海道 홋카이도 오타루시

야마고야 백패커스
OTARU YAMAGOYA BACKPACKERS

부부가 맞아주는 게스트하우스

풍정 넘치는 운하 도시, 오타루의 느긋한 숙소

운하를 따라 서 있는 석조창고 등 근대 건축물이 많이 남아있는 오타루(小樽). 2년 동안 인력거 경험을 통해 마을의 역사를 익힌 남편 다이 씨와 숙박업계에서 오랫동안 근무한 아내 마키 씨가 운영하는 게스트하우스. 과거 공방 건물을 리뉴얼 해서 2014년 9월에 오픈한 야마고야는 널찍한 공용 거실이 큰 장점이다. 소파와 다양한 의자, 여행과 영화에 관한 책과 음반도 잘 갖춰져 있어 느긋하게 쉬기 좋다. 도미토리룸은 2층 침대로 침대프레임의 폭도 넓다.

주인 다이 씨는 10대 후반부터 세계여행을 시작했고, 여행자로 살아가는 꿈을 꾸었다고. 각국 여행자와 인연을 키워가다 오타루의 매력을 알리고 싶어 부부가 숙소를 오픈하기에 이르렀다.

주인
야마오카 다이 씨
아내 야마오카 마키 씨

🏠 北海道 小樽市 稲穂 5-25-5
　(오타루(小樽)역에서 도보 12분)
　홋카이도 오타루시 이나호 5-25-5
📞 0134-23-5700
🌐 http://otaruyamagoyabp.com/
💴 남성전용 도미토리/여성전용 도미토리/개인실
　1박 1인당 3000엔~ 개인실 1실 4000엔~

게스트하우스 우메바치

ゲストハウス梅鉢 / Guesthouse UMEBACHI

미야기현 센다이시 宮城県

부부가 맞아주는 게스트하우스

따뜻한 저녁과 토속주가 있는 센다이 게스트하우스

센다이(仙台) 주택가, 부부가 운영하는 신축 게스트하우스. 주인 마사키 씨는 14년 전, 처음 교토의 게스트하우스에서 숙박했을 때 각국 사람들과 이야기를 나누며 "일본과 미야기에 대해 좀더 배워 많은 이들에게 알리고 싶다."는 생각을 하게 되었다고 한다. 이후 아내 게이코 씨와 센다이에 2011년 8월에 게스트하우스 문을 열었다.

동일본 대지진으로 힘들었지만 우연히 만난 자원봉사자의 "숙소가 부족해서 힘들었어요. 꼭 게스트하우스를 오픈하세요."라는 말이 큰 힘이 되었다고. 2층 침대의 도미토리룸과 다다미방 침실, 공용 욕실과 주방을 갖추고 있다. 취직이나 전직 등 인생의 고비를 만났을 때 이곳을 찾는 게스트가 많다. 지역 식재료를 활용한 식사, 토속주와 함께 매일 다양한 만남이 이어지고 있다.

주인
가가 마사키 씨
가가 게이코 씨

🏠 宮城県 仙台市 宮城野区平成 1-3-14
　(니가타케(苦竹)역에서 도보 7분)
🏠 미야기현 센다이시 미야기노구 헤이세이 1-3-14
📞 022-231-7447
💻 http://umebachi2009.com
¥ 남성전용 도미토리/여성전용 도미토리/개인실 1박 1인당 2700엔~ · 개인실 1실 5000엔~ 조식 포함 ※조식 이외는 별도 금액

千葉県 치바현 가츠우라시

오차노마 게스트하우스
お茶の間ゲストハウス たまにカフェ / OCHANOMA Guesthouse

부부가 맞아주는 게스트하우스

툇마루에서 바다가 보이는 숙소

도쿄 인근의 가츠우라 바닷가는 투명한 바다와 복잡한 리아스식 해안으로 유명하다. 이곳에 2014년 6월 오차노마 게스트하우스가 문을 열었다. 80년 된 전통 가옥을 수리해 널찍한 툇마루가 넉넉한 품으로 게스트를 맞는다. 주인 후쿠오카 씨 부부는 직장인 시절, 가츠우라 바다로 드라이브하는 것이 큰 즐거움이자 힐링이었다고 한다. 그때 마침 이 집을 발견하고 이주를 결정하게 되었다.

지금은 애견 아라레와 함께 손님을 맞고 요리를 직접 만들기도 한다. 그래서 현지 해산물을 듬뿍 사용한 식사 포함 플랜이 특히 인기. 근처 온천으로 송영 서비스를 하고, 앞마당에서는 BBQ도 할 수 있다. 여러 가지 옵션은 추가 요금을 내면 가능하다.

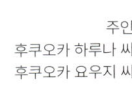
주인
후쿠오카 하루나 씨
후쿠오카 요우지 씨

🏠 千葉県 勝浦市 守谷 804-1
(가즈사오카(上総興津)역에서 도보 7분
송영 가능, 예약 필요)
치바현 가츠우라시 모리야 804-1
📞 0470-62-5290
🌐 http://www.ochanomagh.com/
¥ 공용도미토리/여성전용 도미토리/개인실
1박 1인당 2800엔~ 개인실 1실 4000엔
※2식 포함 3800엔~

히카리 게스트하우스

ひかりゲストハウス / tokyo hikari Guesthouse

도쿄도 도쿄시 / 東京都

부부가 맞아주는 게스트하우스

초등학교 교실 같은 귀여운 숙소

구라마에(蔵前)역에서 걸어서 1분 거리. 여행을 좋아하는 부부가 아이들과 함께 살면서 운영하는 숙소가 있다. 지은 지 70년 된 목수의 작업장 겸 집을 깔끔하게 리뉴얼하여 거실에는 피아노와 작은 의자, 죽방울(켄다마) 등을 두는 등 초등학교 교실처럼 귀여운 공간으로 꾸몄다. 서핑을 좋아하는 남편 이사오 씨와 미술교사였던 아내 유미코 씨는 전 세계 약 200곳 정도의 숙소에서 묵어보았다고.

일본에서 게스트하우스를 열고 싶다고 처음 생각한 것은 15년 전. 그리고 2014년 10월 이곳을 오픈했다. 두 사람이 경험한 세계 게스트하우스에서 "이런 게 있으면 좋겠다."라고 생각했던 것들을 히카리 게스트하우스에서 구현 중이다. 그래서 어느 곳보다 편하고 기분 좋게 머물 수 있다. 지금도 때때로 휴가를 내서 가족 모두가 여행을 떠난다.

주인
가네이와 이사오 씨
가네이와 유미코 씨

🏠 東京都 台東区 蔵前 2-1-29
　(구라마에(蔵前)역에서 도보 1분)
🏠 도쿄도 다이토구 구라마에 2-1-29
📞 03-5829-4694
💻 http://tokyohikari-gh.jimdo.com
💴 남녀공용 도미토리/여성전용 도미토리/개인실
　1박 1인당 2800엔~ · 개인실 1실 6000엔

> 愛知県 아이치현 나고야시

게스트하우스 MADO

ゲストハウスMADO / Guesthouse MADO

> 부부가 맞아주는 게스트하우스

일본 전통염색 공예로 유명한 마을에 있는 숙소

대도시 나고야라고 믿기 힘들 정도로 에도시대의 정서가 가득한 아리마츠(有松). 도쿄와 교토를 연결하는 해안선인 도카이도(東海道)를 향해 전통 가옥이 늘어선 이 마을은 일본 전통염색 공예로 유명하다. 이곳에 약 100년이 된 마치야를 개조한 게스트하우스가 2015년 8월에 오픈하였다.

주인 오오시마 씨 부부는 중국 상하이에서 10년 동안 의류회사를 운영하였다. 의류업에서 점차 마음이 떠나던 시기에 두 아들이 여행하며 일본 내의 게스트하우스에 묵는 것을 보면서 창업을 고민하게 되었다고. 청년인 아들은 게스트들과 나이도 비슷하고, 게스트하우스에서 일한 경험도 있어 적극적으로 조언한다. 끊임없이 배우는 자세가 정말 멋지다.

주인
오오시마 가즈히로 씨
여주인 오오시마 미호코 씨

🏠 愛知県 名古屋市 緑区有松 924
  (아리마츠(有松)역에서 도보 5분)
  아이치현 나고야시 미도리구 아리마츠 924
📞 050-7516-6632／090-3257-6126
🔗 http://www.guesthousemado.com
¥ 남녀공용 도미토리/여성전용 도미토리
  1박 1인당 3000엔~

게스트하우스 도마루

ゲストハウスとまる / Hidatakayama Guesthouse Tomaru

기후현 다카야마시
岐阜県

부부가 맞아주는 게스트하우스

대자연과 전통 문화를 느낄 수 있는 숙소

산과 강으로 둘러싸인 히다다카야마(飛騨高山)는 에도시대 전통 가옥이 잘 보존되어 있고 마츠리로 유명하다. 이곳에 2011년 8월 오픈한 도마루 게스트하우스는 80년 된 전통 가옥을 개조한 곳. 도심을 흐르는 미야가와를 따라 매일 열리는 아침시장으로도 유명한데, 양품점을 개조한 게스트하우스에서 주인 부부와 아들 하루군이 반갑게 게스트를 맞는다. 부부는 캐나다 로키산맥에서 현지가이드 경험이 있는데다 일본에서 호텔 근무를 하며 "세계의 여행자들을 좀더 가까이서 돕고 싶다."는 생각을 하게 되었고, 대자연과 전통문화에 이끌려 히다다카야마(飛騨高山)로 이주한 후 나홀로 여행자도 홈스테이처럼 '편하게 묵을 수 있는 공간' 만들기에 노력 중이다. 오픈 후 지금까지 매월 첫째 월요일에는 여행자와 지역주민의 모임을 갖고 있다.

주인
요코세키 신고 씨와 가족들

🏠 岐阜県 高山市 花里町 6-5
　(다카야마(高山)역에서 도보 2분)
🏠 기후현 다카야마시 하나사토 마치정 6-5
📱 0577-62-9260
🌐 http://www.hidatakayama-guesthouse.com
¥ 남녀공용 도미토리/여성전용 도미토리/개인실
　1박 1인당 3000엔~ 개인실 1실 7000엔~

京都府
교토부 교토시

오키노 마치야도

沖のまちやど / OKI's Inn

부부가 맞아주는 게스트하우스

젊은 부부가 기모노차림으로 맞는 교토 숙소

교토 히가시야마(東山)의 좁고 긴 상점가에 있는 위치한 숙소. 과거 반찬가게인 다이쇼시대 후기의 마치야(가게와 집이 함께 있는 일본 전통 가옥 스타일)를 고쳐서 2012년 9월에 오픈했다. '히부쿠로(火袋)'라 불리는 흙마루 통층 구조와 교토에서 '오쿠도산(おくどさん)'이라고 부르는 부뚜막 등을 그대로 남겨두는 등 과거 정취를 세심하게 살리면서 이용하기 편하도록 개조하였다. 2동으로 이어진 건물 한쪽은 침실, 다른 한쪽은 널찍한 거실이다.

주인 오키 씨 부부가 기모노를 입고 따뜻한 미소로 게스트를 맞는다. 오스트레일리아 태즈메니아(Tasmania)에서 만난 두 사람은 "전 세계 사람들이 모이는 집을 만들자."고 결심하고 게스트하우스를 오픈하기에 이르렀다. 부부의 평온한 모습이 공간을 더욱 아늑하게 만든다.

주인
오키 타카시 씨
오키 유카 씨

🏠 京都府 京都市 東山区 古川町 542-2
(히가시야마(東山)역에서 도보 2분)
교토부 교토시 히가시야마구 후루카와정 542-2
📞 075-203-5041
💻 http://www.okimachi.com
¥ 여성전용 도미토리/개인실
1박 1인당 2500엔~ 개인실 1실 7500엔~

게스트하우스 교토 콤파스
Guesthouse KYOTO COMPASS

교토부 교토시 京都府

부부가 맞아주는 게스트하우스

교토의 일상을 체험할 수 있는 게스트하우스

교토 중앙도매시장이 있는 단바구치(丹波口). 학교, 대중목욕탕인 센토 등 교토의 일상을 엿볼 수 있는 이곳에 100년 된 목조 주택을 개조해 2014년 2월 게스트하우스가 문을 열었다. 치즈코 마마가 운영하는 이곳은 주말에는 요시유키 파파도 합세해 게스트들을 고향에 돌아온 자식들처럼 맞이해준다. 서양풍 가구와 도예가인 딸의 동료 작품이 곳곳에 놓여있다. 주인 치즈코 씨는 호텔에서 13년 근무한 경험이 있어 게스트와 마음으로 소통하며 손님맞이에 최선을 다하고 있다. 여러 시행착오 끝에 지금의 모습을 갖추었다. 부부는 '게스트를 어떻게 반갑게 맞이할까'에 신경을 쓰면서, 어떤 만남이 기다릴까 매일 가슴 설레고 있다고.

주인
노가미 치즈코 씨
노가미 요시유키 씨

🏠 京都府 京都市 下京区 西七条市部町 115
 (나나죠온마에도오리(七条御前通)버스정류장에서 도보 3분)
🏠 교토부 교토시 시모교구 니시시치죠 이치벤정 115
📞 075-204-3250
💻 http://compass-kyoto.jp
¥ 남녀공용 도미토리/여성전용 도미토리/개인실
 1박 1인당 3000엔~/개인실 1실 7000엔~

가가와현 다카마츠시
香川県

게스트하우스 촛토코마

ゲストハウスちょっとこま / Guesthouse Chottoco-ma

부부가 맞아주는 게스트하우스

다카마츠 최초의 게스트하우스

다카마츠(高松) 시에서 처음으로 문을 연 게스트하우스. 중앙 도매시장에 가까이에 있어 생활하기 편리한 주택가에 자리하고 있다. 옛 판금상 자택을 개조해서 2013년 10월에 오픈했다. 배낭여행으로 세계를 여행한 남편 유타카 씨와 카페 주인을 꿈꾸던 아내 에미 씨가 함께 운영하는데, '다카마츠에 여행자들이 서로의 경험을 공유할 수 있는 곳을 만들자'는 목표로 시작하게 되었다고.

내부는 카페처럼 사랑스럽게 꾸며 놓았고, 밤이면 공유 공간에 게스트들이 자연스레 모여 이야기 꽃을 피운다. 옛 사누키(讚岐) 말로 '잠시 동안'이라는 의미의 촛토코마는, 작은 만남도 소중하게 생각하는 부부의 따뜻함이 느껴진다. 이곳에서 만난 게스트들끼리 결혼에 이른 경우도 있다고 한다.

주인
이토 에미 씨
이토 유타카 씨

🏠 香川県 高松市 扇町 3-7-5
  (쇼와초(昭和町)역에서 4분)
  가가와현 다카마츠시 오기마치 3-7-5
📧 문의는 website
🌐 http://chottoco-ma.com
💴 남녀공용 도미토리/여성전용 도미토리/개인실
  1박 1인당 2500엔~ 개인실 1실 6000엔

센 게스트하우스

泉ゲストハウス / Sen Guesthouse

에히메현 마츠야마시 愛媛県

부부가 맞아주는 게스트하우스

일본인 아내와 미국인 남편의 도고 온천 숙소

일본에서 가장 오래된 3대 고탕(古湯)으로 알려진 도고(道後) 온천. 국토교통성 휴양소였다가 야구팀 기숙사로 쓰이던 건물을 리뉴얼해 게스트하우스로 오픈하였다. 주인 노리코 씨는 여행을 좋아해 게스트하우스 운영을 꿈꾸었는데 마침 시코쿠 사찰 순례(오헨로お遍路)를 위해 일본에 온 미국인 매튜 씨를 만나 결혼했다.

시코쿠(四国)를 알리고 여행 정보를 제공하는 숙소를 목표로 2012년 3월에 오픈. 계단의 빨간 양탄자와 욕실의 돌 욕조는 그대로 살렸다. 미국과 일본에서 자란 두 사람이 서로의 문화를 배워가며 운영하기 때문에 일본과 외국 게스트 누구라도 편하게 묵어갈 수 있어 인기가 많다. 해질녘에는 바람을 쐬며 다함께 옥상에서 한잔 할 때도 있다.

주인
아이에아나론 노리코 씨
아이에아나론 매튜 씨

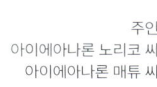

🏠 愛媛県 松山市 道後多幸町 4-14
　(도고온센(道後温泉)역에서 도보 7분)
🏠 에히메현 마츠야마시 도고타코우정 4-14
📞 089-961-1513
🌐 http://senguesthouse-matsuyama.com
¥ 남녀공용 도미토리/여성전용 도미토리/개인실
　1박 1인당 2800엔~ 개인실 1실 4500엔

Column 5

[건축 × 게스트하우스] 빈집과 DIY와 리노베이션

게스트하우스의 약 90%가 기존 건물을 개조했고 신축은 10% 정도입니다. 이 책에 소개한 100곳도 약 94%가 기존 건물을 개조했고 6%가 신축입니다. 전통 가옥부터 포목점, 요정, 식당, 기숙사, 병원, 공방, 자료관, 여관, 비즈니스 호텔 등 각양각색의 건물들이 새 단장을 했는데, 모두 소개하지는 못했지만 폐교를 게스트하우스로 개조한 경우도 있다고 합니다. 최근에는 옛 기차 역사를 숙소로 만들고 싶다는 상담을 받은 적도 있습니다.

저출산, 고령화로 빈집이 크게 늘고 있는데, 일본 총무성의 발표에 따르면 2013년 현재 빈집 수는 820만호입니다. '추억으로 가득한 건물을 허물고 주차장으로 만드는 것보다 다른 형태로라도 살리고 싶다'는 집주인의 생각과 신축할 여유는 없지만 원상복구의 의무가 없는 건물이라면 예산 안에서 게스트하우스 창업도 가능!(그래도 예상보다 비용이 많이 들죠.)한 세입자의 생각이 맞아떨어져 지금처럼 다양한 게스트하우스가 생겨나는 것은 아닐까요?

주인들은 "노력과 감각을 더해 재미있는 곳을 만들고 싶다"는 생각이 강해 주위 도움을 얻어가며 직접 DIY로 리뉴얼하거나 자신의 개성을 살린 리노베이션 업체의 도움을 받는 두 가지 스타일이 대표적입니다.

DIY는 비용을 줄이고 나카마(집단) 의식을 강화하는 장점도 있습니다. 서로 아는 사이는 아니지만 일요 목수로 활동하며 친구가 되고 마을 사람과도 친해져 마루를 뜯거나 페인트칠하는 것을 배우기도 합니다. 함께 점심을 먹고 땀과 웃음이 섞인 공간에서 저녁까지 일에 몰두하다보면 공간에 대한 애착이 더욱 깊어집니다. DIY는 쉽지 않지만 보람을 느낄 수 있는 작업입니다.

최근에는 리노베이션을 잘하는 건축회사가 직접 건물을 개조해서 운영까지 하는 숙소, 엄선된 재료를 각지에서 들여와서 장인들과 함께 완성한 숙소, 편안함을 최대한 살리며 건축설계사가 디자인한 숙소 등 프로의 솜씨에 감탄사가 흘러 나올만큼 빛나는 게스트하우스도 많이 등장하고 있습니다.

그 외에 '도서관 스타일'이나 '미술관 스타일'처럼 개성있는 건축 스타일의 숙소도 있습니다. 어쩌면 앞으로 정말 과거 미술관, 도서관, 수족관, 영화관, 유원지 부지의 일부를 이용하는 등 새로운 형태의 게스트하우스가 탄생할지도 모르겠습니다.

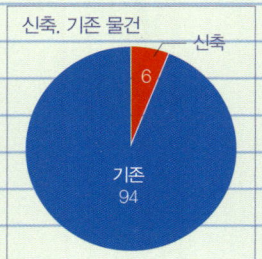

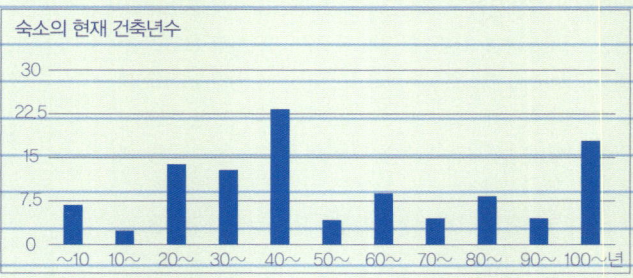

위의 표는 이 책에 기재된 게스트하우스 100곳에 협조를 받은 앙케이트와 취재에 기초한 데이터입니다.

9
여자 혼자 가도 좋은 게스트하우스

나홀로 여행을 계획한 여성 여행자에게 여성 주인이 운영하는 게스트하우스 9곳을 소개합니다. 어느 곳이나 여성전용 도미토리가 있어요. 여성전용인 곳과 여성이 좋아하는 스타일의 숙소, 아이와 함께 온 엄마를 환영하는 숙소도 있답니다.

북
海
道

홋카이도 삿포로시

게스트하우스 에니시야

ゲストハウス縁家 / Sapporo Guesthouse ENISHIYA

여자 혼자 가도
좋은
게스트하우스

언니집처럼 편안한 아파트 게스트하우스

"이런 곳에 게스트하우스가?"라며 놀라게 되는 이곳은 삿포로 시내 아파트 단지 안에서 정식으로 운영하는 게스트하우스이다. 아파트 2층의 두 집을 터서 한쪽은 주인 유키 씨가 거주, 다른 한쪽이 주방이 있는 숙소다. 인터폰을 누르고 현관문을 들어서니 아는 언니 집에 놀러온 느낌이 들기도 한다. 주인 유키 씨는 2002년 오키나와에서 처음으로 게스트하우스에 묵었는데 여행자들과의 만남에 감동하여 여러 번 방문했다고 한다. 어머니가 돌아가시고 가족의 소중함을 절절하게 느낄 때 '가족 같은 게스트와의 만남이 있는 숙소'를 생각했다고. 그러던 중 이 집과 만나게 되고 2009년 4월에 오픈하였다. 단골이 계속 늘어 "이제 가족이 늘어난 기분이에요." 라며 웃는다.

주인
에바라 유키코 씨

🏠 北海道 札幌市 中央区 南8条西 8-515
南八条アーバンライフ201
(나카지마고엔(中島公園)역에서 도보 8분)
홋카이도 삿포로시 츄오구 미나미 하치8조
니시 8-515 미나미하치죠 아반라이후 201
📞 011-531-4170
🔗 http://enishi8.web.fc2.com
￥ 남녀공용 도미토리/여성전용 도미토리/개인실
1박 1인당 3000엔~개인실1실 4000엔~

레토로메트로 백패커스

レトロメトロバックパッカーズ / Retrometro Backpackers

東京都 도쿄도 도쿄시

여자 혼자 가도 좋은 게스트하우스

철물점을 개조한 아늑한 동굴같은 숙소

도쿄의 아사쿠사 서쪽(西浅草)에는 다이쇼(大正) 시대부터 주방용품과 식재료 가게가 모여있는 갓파바시(かっぱ橋)가 있다. 근처 골목으로 접어들면 유리문에 사랑스러운 흰 글씨가 쓰인 게스트하우스를 만날 수 있다. 60년 된 철물점을 공들여 개조하였는데, 동굴처럼 둥그스름한 브라운 색의 거실 벽, 여러 번 색을 칠해 독특한 색조가 인상적인 계단 옆면, 예쁜 나무문과 책꽂이 등이 아늑한 느낌을 준다. 주인 사나에 씨는 여행사에서 해외여행상품을 안내하는 일을 했다. 동일본대지진을 계기로 이제는 "외국 여행자들을 일본에서 따뜻하게 맞이하자."고 생각, 2012년 3월 오픈하게 됐다. 대도시에서 여행자들이 한숨 돌리며 마음 깊은 대화를 나눌 수 있는 곳을 만들어 가고 있다.

주인
야마자키 사나에 씨

🏠 東京都 台東区 西浅草 2-19-1
　 (다와라마치(田原町)역에서 도보 8분)
　 도쿄도 다이토쿠 니시아사쿠사 2-19-1
📞 03-6322-7447
💻 http://retrometrobackpackers.com
¥ 남녀공용 도미토리/여성전용 도미토리
　 1박 1인당 2600엔~

| 神奈川県 | 가나가와현 하코네 |

게스트하우스 하코네 넨네코야

ゲストハウス 箱根ねんねこや
Guesthouse HAKONE NENNEKOYA

여자 혼자 가도 좋은 게스트하우스

마음을 치유할 수 있는 따뜻한 숙소

온천관광지인 하코네 산간에 위치한 미야기노(宮城野)지구. 이곳의 주택가에 46년 된 단층집을 게스트하우스로 개조한 넨네코야. 주인 레나 씨는 20대에 혼자 인도를 여행하며 처음 게스트하우스에 묵었다. 자유롭고 느긋한 공기에 둘러싸여 마음이 치유되는 경험을 했고 이후 인생에 많은 변화를 가져온 뜻깊은 여행이 되었다고 한다. 그때의 기억을 되살려 하코네에 게스트하우스를 열었다.

건축 관련 일을 한 경험을 살려 대부분 DIY로 개조해서 2013년 8월에 오픈했다. 가구, 잡화, 창호 등은 일부러 중고품과 빈티지 제품을 많이 활용해 옛 건물의 정취를 살렸다. 걸어서 따뜻한 온천에 갈 수도 있고, 다다미방 거실에서 여행자들과 느긋하게 이야기를 나눌 수 있는 곳이다.

주인
사노 레나 씨

🏠 神奈川県 足柄下郡 箱根町 宮城野 374-1
　 (미야기노 시쇼마에(宮城野支所前) 버스정류장에서 도보 3분)
🏠 가나가와현 아시가라시모군 하코네마치 미야기노 374-1
📞 0460-83-8137 / 080-6639-6191
💻 http://hakone-nennekoya.com
¥ 남녀공용 도미토리/여성전용 도미토리/개인실 1박 1인당 3500엔~ 개인실 1실 6000엔~

이세 게스트하우스 츠무기야

伊勢ゲストハウス紬舎 / Ise Guesthouse Tsumugiya

미에현 이세시 | 三重県

여자 혼자 가도 좋은 게스트하우스

뒷골목의 조용한 은신처 같은 야시키(屋敷) 숙소

이세신궁에서 역을 끼고 반대쪽에 있는 가와사키(河崎)는 운하를 따라 곳간과 마치야를 활용한 레스토랑과 카페가 늘어선 운치있는 유명 거리이다. 그 뒷골목에 잠자고 있던 야시키(고급 주택)를 개조, 2015년 6월에 게스트하우스로 문을 열었다. 100년 된 넓은 정원과 큰 베란다가 있는 저택은 골목 안쪽이라 아늑한 은신처 같다.

주인 도모미 씨는 이런 분위기를 좋아해 숨어있는 곳을 찾아 해외여행을 하였다고 한다. 6년 전 일본에서 게스트하우스에 묵었을 때 '이것이 하고 싶은 일'이라는 것을 깨닫고 29세에 게스트하우스를 시작했다. 게스트의 여행을 스태프가 함께 돕는 등 여자 혼자도 안심하고 묵을 수 있는 친밀함이 느껴지는 곳이다.

주인
나카무라 도모미 씨

🏠 三重県 伊勢市 河崎 2-4-11
　(이세시(伊勢市) 역에서 도보 6분)
🏠 미에현 이세시 가와사키 2-4-11
📞 080-8977-8410
🔗 http://mugi-mugi.com
¥ 남녀공용 도미토리/여성전용 도미토리/개인실
　1박 1인당 2700엔~ 개인실 1실 6600엔~

京都府

교토부 교토시

게스트하우스 가자리야

ゲストハウス錺屋 / Guesthouse KAZARIYA

여자 혼자 가도
좋은
게스트하우스

다이쇼 시대 풍으로 꾸민 여성스타일의 교마치야 숙소

에도 시대부터 약국이 있던 100년 된 교마치야(교토의 전통 가옥)를 개조한 여성스타일의 숙소. 당시의 모습을 보여주는 커다란 목제 간판이 지금도 걸려있다. 교토역에서 걸어갈 수 있는 위치여서 교통이 편리한 것이 큰 장점. 주황색 노렌을 지나 안으로 들어가면 다이쇼 시대 풍의 평온한 공간이 펼쳐진다. 약제사가 내원객을 맞이했을 작은 유리창이 달린 접수처, 이끼 낀 안뜰을 마음껏 누릴 수 있는 툇마루가 있는 다다미 개인실, 하늘색 타일이 전면에 깔린 주방 등이 예쁘다. 앤티크 가구는 오랜 공간에 화려함을 더한다. 료코 씨는 교토의 노포 마치야 게스트하우스에서 경험을 쌓은 후, 2009년 3월에 오픈했다. 젊은 여행자들이 마치야를 체험할 수 있도록 돕는 이 일이 교토의 경관과 역사를 지키는 일까지 연결되기를 바란다.

주인
우에사카 료코 씨

🏠 京都府 京都市 下京区 五条通 室町西入南側
　東錺屋町 184
　(고조(五条) 역에서 도보 2분)
　교토부 교토시 시모교구 고죠도리 무로마치니
　시이루 히가시카자리야정 184
📱 075-351-1711
🌐 http://kazari-ya.com
¥ 여성전용 도미토리/개인실(남성도 가능)
　1박 1인당 2500엔~ 개인실 1실 6500엔~

이마자토 게스트하우스

今里ゲストハウス / IMAZATO Guesthouse

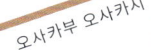
오사카부 오사카시 大阪府

여자 혼자 가도 좋은 게스트하우스

엄마도 안심하고 묵을 수 있는 여성 전용 숙소

오사카 시내 시타마치(下町:서민들이 살던 곳)에 있는 여성 전용 게스트하우스. 의료관련 일을 하던 주인 유코 씨와 스태프 모두 여성으로, 여성 혼자나 아이가 있는 엄마도 안심하고 묵을 수 있는 깨끗하고 저렴한 숙소다. 돌아가신 할머니의 집을 물려받아 2011년 4월에 오픈했다.

대도시이지만 꽤 넓은 침실에 각각 선반이 달린 2층 침대는 전부 세미더블 크기. 가족 여행자의 부담을 줄일 수 있도록 여자아이는 13세까지 한명 무료, 2명부터 1500엔으로 이용 가능하다. 초등학교 3학년까지는 남자 아이도 숙박 가능하다. 단골인 엄마와 아이도 있어 만날 때마다 아이의 성장을 바라볼 수 있어 즐겁다고.

주인
츠츠이 유코 씨

🏠 大阪府 大阪市 東成区 大今里西 1-11-15
　(이마자토(今里) 역에서 도보 5분)
🏠 오사카부 오사카시 히가시나리구 오이마자토니시 1-11-15
📞 06-6971-8610
🌐 http://imazatogh.com
¥ 여성전용 도미토리
　1박 1인당 3500엔~
　조식 포함

兵庫県

효고현 히메지시

히메지가하하 게스트하우스

ヒメジガハハゲストハウス / Himeji 588 Guesthouse

여자 혼자 가도
좋은
게스트하우스

문화 공간을 꿈꾸는 히메지성 게스트하우스

백설공주를 떠올리게 하는 아름다운 성으로 유명한 히메지. 세계여행을 즐기던 주인 마츠오카 씨는 고향인 히메지 중심가 히메지성 근처 상점가에 게스트하우스를 열었다. 70년 된 식당을 개조해 2011년 11월부터 운영하고 있다. 물고기 모양을 닮은 나무 간판은 아티스트인 지인의 작품. 현관문에서부터 안까지 연결된 카운터에는 옛 모습이 남아있다.
동네 사람들도 오며가며 편하게 들를 수 있도록 서로가 배우고 가르치는 '모두가 선생님', 히메지의 매력을 찾아내는 '히메지 미야게 프로젝트' 등 재미있는 이벤트를 많이 열고 있다. 일상을 넘어 다양한 사람과 만나고 이야기 나눌 수 있어 여행하는 듯한 기분이 생활 공간에서 펼쳐지고 있다.

주인
마츠오카 교코 씨

🏠 兵庫県 姫路市 本町68 本町商店街内
 (히메지(姫路)역에서 도보 8분)
🏠 효고현 히메지시 혼마치 68 혼마치 쇼텐가이 내
📞 079-227-6994
🌐 http://himeji588.com
¥ 남녀공용 도미토리/여성전용 도미토리/
 개인실
 1박 1인당 2700엔~ 개인실 1실 6000엔~

게스트하우스 쿠루무

宿くるむ / Guesthouse qulumu

가가와현 나오시마 / 香川県

여자 혼자 가도 좋은 게스트하우스

나오시마의 동화 같은 여성 전용 숙소

세토우치(瀬戸内) 국제예술제로 유명한 섬 나오시마(直島)의 여성 전용 게스트하우스. 페리 승강장 가까이에 있던 전통 가옥을 개조한 쿠루무는 복고적이고 앤티크한 느낌의 내부 장식에 사랑스러운 조명과 식기를 갖춰 마치 동화 속에 나오는 곳 같다. 10명 미만이 묵을 수 있는 아담한 곳으로, 도미토리와 공유 공간, 샤워실 이외에는 하나의 공간에 모여 있어 자연스럽게 대화가 이뤄진다. 세안제, 목욕용품 세트와 잠옷 등을 무료로 대여해주고, 숙소 가까이에 센토(대중목욕탕)도 있다.

주인 구루미 씨는 여행과 섬을 좋아해 언젠가 멋진 만남의 장소를 만들고 싶었다고. 여자 혼자라도 안심하고 즐거운 추억을 쌓을 수 있는 숙소를 위해 평소 너무나 사랑하던 나오시마에 이주, 2014년 4월에 이곳을 오픈했다.

주인 모리카와 구루미 씨

🏠 香川県香川郡直島町宮浦2294
  (미야노우라(宮浦)항에서 도보 1분)
  가가와현 가가와군 나오시마정 미야우라 2294
📞 090-5717-1292
🌐 http://qulumu.wix.com/qulumu
💴 여성전용 도미토리/개인실
  1박 1인당 3200엔~ 개인실 1실 3700엔~

香川県 / 가가와현 다카마츠시

TEN to SEN 게스트하우스 다카마츠
TEN to SEN ゲストハウス高松 / TEN to SEN Guesthouse Takamatsu

여자 혼자 가도 좋은 게스트하우스

유럽 뒷골목 은신처 같은 숙소

검은색 목조 건물인 일본 전통 가옥이 쭉 늘어선 다카마츠(高松) 중앙상점가와 가까운 곳에 이색적인 유럽의 은신처 같은 숙소가 있다. 주인 사토미 씨는 가게 겸용 주택을 직접 리노베이션하였다. 사랑스러운 붉은색, 상쾌한 블루 등으로 방마다 다른 컬러풀한 벽과 인테리어가 마치 프랑스의 카페같은 느낌을 준다. 도시계획 컨설턴트, 과자 상품 기획 일을 한 경력을 살려 독창적인 분위기의 게스트하우스가 탄생한 셈이다.

해외여행을 좋아해서 자주 여행을 하다보니 일본에는 성인 여성이 묵을 만한 저렴하지만 세련된 숙소가 적다는 생각이 들었다고. 전직을 고민하던 차에 직접 원하는 공간을 만들어보자고 결심, 2015년 4월 게스트하우스를 오픈했다. 여성 게스트가 많은 편이며 즐겁게 여행자들과 만나고 있다.

주인
스기우라 사토미 씨

🏠 香川県 高松市 田町 1-11-2階
  (가와라마치(瓦町)역에서 도보 5분)
🏠 가가와현 다카마츠시 다마치 1-11-2F
📞 090-9617-1268
🌐 http://tentosen.jp
¥ 남녀공용 도미토리/여성전용 도미토리/개인실
  1박 1인당 3000엔~ 개인실 1실 7000엔~

10
남자 혼자 가도 좋은 게스트하우스

나홀로 여행을 계획한 남성 여행자에게 남성 주인이 운영하는 게스트하우스 9곳을 소개합니다. 주인 또는 남성 매니저가 현장에 있는 숙소가 많아 직접 만나서 천천히 이야기를 나눌 수도 있어요.

홋카이도 삿포로시
北海道

지미즈 백패커스
ジミーズバックパッカーズ / JIMMYZ BACKPACKERS

남자 혼자 가도 좋은 게스트하우스

삿포로 도심의 아늑하고 편안한 숙소

주인 하야시 씨의 닉네임 '지미'에서 유래한 '지미즈 백패커스'. 그의 성격처럼 심플하면서도 스마트한 이곳은 삿포로 중심가에서 도보로 갈 수 있다는 것이 큰 장점. 번화한 도심이지만 편안함과 아늑함이 느껴지는데, 해외 게스트를 배려해 일본식 다다미방과 2층 침대 방을 갖추고 있다.

하야시 씨는 해외에서 일한 경험도 있고, 호주와 동남아시아를 여행할 때 백패커스와 게스트하우스에서 묵었던 경험을 바탕으로 '일본에서 게스트하우스를 운영하면 재미있을 것 같다.' 생각했다고. 홋카이도의 자연경관에 반해 삿포로에 이주한 뒤, 50년 된 집을 개조하여 2009년 11월에 게스트하우스를 오픈하였다. 해외에서 온 여행자가 몇 년 뒤 일본에 다시 올 때 또 찾아오는 일도 많다고 한다.

주인 하야시 요시노리(Jimmy)씨

🏠 北海道 札幌市 中央区 南5条東 3-2-1
(호스이스스키노(豊水すすきの)역에서 도보 5분)
홋카이도 삿포로시 츄오쿠 미나미 고죠 히가시 3-2-1
📞 011-206-8632
💻 http://www.jimmyzbp.com
¥ 남녀공용 도미토리/여성전용 도미토리
1박 1인당 2950엔~

타임 피스 아파트먼트

タイムピースアパートメント / TIME PEACE APARTMENT

홋카이도 삿포로시 北海道

남자 혼자 가도 좋은 게스트하우스

커피가 어울리는 카페 같은 숙소

삿포로 시내의 한 골목에 들어서면 초콜릿색 벽이 인상적인 숙소가 나타난다. 지은 지 45년 된 집은 컬러풀한 의자와 2층에 걸친 사다리 등 재미있는 소품으로 카페 같은 분위기의 게스트하우스로 탈바꿈하였다. 주인 진 씨는 홋카이도에서 직장생활을 하다 홋카이도에 반해 퇴직한 후에 삿포로로 이주했다고. 학창시절부터 여행을 좋아해 '여행을 느끼는 생활을 생업으로 삼고 싶다.'라는 생각을 했고, 2008년 9월 게스트하우스를 오픈하기에 이르렀다. 아침엔 커피와 직접 만든 빵을 무료로 제공한다.

진 씨는 오오도리(大通り)공원 근처에서 'WORLD BOOK CAFE'라는 여행과 책을 테마로 한 카페도 운영하며 직접 커피를 볶는다. 친해진 게스트들을 만나러 부부가 세계를 여행하기도 하는데, 다들 기뻐하며 마을 안내를 해주었다고 한다.

주인
히라노 진 씨

- 北海道 札幌市 中央区 南8条西 1-13-92
  (호스이스스키노(豊水すすきの)역에서 도보 5분)
- 홋카이도 삿포로시 츄오쿠 미나미 하치죠 니시 1-13-92
- 011-788-3928
- http://tpa.spirallife.jp
- 남녀공용 도미토리/여성전용 도미토리
  1박 1인당 3000엔~
  조식 포함

石川県
이시카와현 가나자와시

굿 네이버 호스텔
Good Neighbors Hostel

남자 혼자 가도
좋은
게스트하우스

유럽풍의 경쾌한 가나자와 숙소

가나자와(金沢)역 가까운 골목에 유럽스타일의 경쾌한 컬러가 넘치는 숙소가 있다. 비즈니스 여관을 게스트하우스로 리뉴얼해 2015년 5월에 오픈했다. 나무문을 열면 상쾌한 스카이블루 벽면에 십여 명은 넉넉하게 앉을 수 있는 큰 테이블이 있는 거실이 보인다. 영미권 배낭여행자들도 많고 밤이면 게스트들이 모여서 다양한 언어로 이야기를 나눈다.

주인 요시오카 씨는 여행을 좋아하는 배낭여행자로, 숙박시설을 운영하는 회사에서 근무해서 호텔업계에 관한 지식과 견해가 깊다. 블로거 활동도 꾸준히 해 여행자들 사이에서 유명하다. "스태프 한 사람 한 사람이 게스트하우스의 얼굴이 되는 곳을 만들자."는 호스트의 생각이 게스트에게 기분 좋은 안정감을 준다.

주인
요시오카 다쿠야 씨

🏠 石川県 金沢市 此花町 4-19
　(가나자와(金沢)역에서 도보 3분)
　이시카와현 가나자와시 고노하나마치 4-19
📱 080-6890-0882
🔗 http://goodneighbors.co/ja
¥ 남녀공용 도미토리/여성전용 도미토리/개인실
　1박 1인당 2800엔~ 개인실 1실 6000엔~

이세 게스트하우스 가자미

伊勢ゲストハウス風見荘 / Ise Guesthouse Kazami

미에현 이세시 / 三重県

남자 혼자 가도 좋은 게스트하우스

숙소를 캔버스로 수 백명의 개성을 그린 숙소

이세신궁으로 유명한 이세시의 최초 게스트하우스. 85년 된 옛 여관을 주인 마루이 씨가 반년 동안 직접 수리해 2011년 12월 게스트하우스로 오픈했다. 오픈까지 수백 명의 도움과 힘이 있었다고 하는데, 건물 벽면 전체를 캔버스 삼아 다양한 작품이 그려져 있다. 외벽은 한면 전체가 초록색에 히피 느낌 일러스트로, 1층은 해변 카페처럼 유목 이미지와 파티플래그로 꾸며져 있다. 도미토리 룸은 직접 만든 2층 침대가 있고, 개인실은 옛 여관의 자취가 남아있는 다다미방이다.

음악과 여행을 사랑하는 마루이 씨는 '자신의 힘으로 살아간다면 무엇이 최선의 수단일까.'를 골똘히 생각한 끝에 이세 지역에 게스트하우스를 만들기로 했다. 여행자가 이세신궁을 부담 없이 방문할 수 있도록 저렴하면서도 안락한 숙소를 오픈한 것이다. 매일 진화하는 쾌적한 공간을 만들고 싶다고.

주인
마루이 히로미치 씨

🏠 三重県 伊勢市 吹上 1-6-36
　(이세시(伊勢市)역에서 도보 2분)
🏠 미에현 이세시 후키아게 1-6-36
📞 0596-64-8565
🌐 http://ise-guesthouse.com/ja
¥ 남녀공용 도미토리/여성전용 도미토리/개인실
　1박 1인당 2600엔~ 개인실 1실 4000엔~

京都府 / 교토부 교토시

게스트하우스 히츠지안
ゲストハウスひつじ庵 / Guesthouse HITSUJI-AN

남자 혼자 가도 좋은 게스트하우스

느긋하게 쉴 수 있는 교토의 마치야 숙소

교토 중심가에 있는 지은 지 90년 된 마치야. 거실의 호리코타츠(掘りごたつ:바닥의 한군데를 네모나게 파서 거기에 화로를 넣은 것)에 앉아 안뜰을 즐길 수 있다. 도미토리룸은 개인 공간 확보와 숙면을 위해 차광 커튼을 설치했고 주방도 널찍하고, 교토 안내서 등 여행자들을 위한 정보가 곳곳에 있다.

현재 건축설계사인 노리 씨가 운영하는데, 그는 호주 배낭여행을 시작으로 36개국을 여행한 경험이 있다. 교토 게스트하우스를 특집으로 다룬 잡지를 보고 직접 전통 가옥을 개조해서 숙소를 오픈했다. 교토로 이주한 후 여행자 경험을 살려 2013년 11월 문을 열었다. 노리 씨의 인품이 반영된 온화한 공간은 마치 교토의 일상을 맛보는 느낌이다.

주인 노리 씨

🏠 京都府 京都市 中京区 姉小路通 小川東入宮木町472-1 (가라스마오이케(烏丸御池)역에서 도보 8분)
교토부 교토시 나카교구 아네야코지도오리 오가와히가시이루 미야기정 472-1
📞 075-203-0161
🔗 http://www.hitsuji-an.com
¥ 남녀공용 도미토리/여성전용 도미토리/개인실
1박 1인당 2900엔~ 개인실 1실 7400엔~

호스텔 노스+키 교토

ホステル ノース・キー 京都 / Hostel North+Key Kyoto

교토부 교토시 　京都府

남자 혼자 가도 좋은 게스트하우스

'나홀로 여행'을 즐겁게 할 수 있는 숙소

주인 유스케 씨는 '나홀로 여행의 매력을 알리고 싶다.'는 생각에 게스트끼리 자연스럽게 만나도록 아이디어를 냈다. 도미토리 룸에 세미더블 침대를 같은 간격으로 놓고 누우면 상반신이 가려지는 장을 설치했다. 침대에 앉아 각자의 공간에서 편안하게 이야기를 나누기에 딱 좋은 거리감이다.

거실 벽면 칠판에는 교토 추천 정보가 가득하고, 코발트 블루가 인상적인 독서 공간, 옥상 테라스도 있다. 유스케 씨는 숙박업체에서 일한 경험을 살려 옛 포목점 창고를 개조하고 2014년 7월에 게스트하우스를 오픈하였다. 결혼 후 아이가 태어나면서 꿈을 실행할 결심을 굳히게 되었다고. 게스트들과 자연스럽게 인사를 나누는 요즘, 대가족이 된 것 같은 느낌이라고 한다.

주인
이와모토 유스케 씨
이와모토 치에 씨

🏠 京都府 京都市 下京区 鍵屋町 347-1
　(고조(五条)역에서 도보 2분)
🏠 교토부 교토시 시모교구 가기야정 347-1
📞 075-203-0921
💻 http://www.north-key.com
¥ 남성전용 도미토리/여성전용 도미토리/개인실
　1박 1인당 3600엔~ 개인실 1실 10000엔~

Column 6

[직업×게스트하우스] 운영자는 어떤 사람?

"이랏샤이마세(어서오세요)" 반갑게 여행자를 맞는 게스트하우스 운영자는 어떤 사람들일까요? 게스트하우스 주인 호스트라는 직업에 대해 이야기해 볼게요.

우선 개인사업자로, 남성 또는 여성 주인이 혼자서 혹은 유급 스태프나 인턴쉽 같은 무급 헬퍼(숙식 제공의 경우)의 도움을 받아 작은 숙소를 꾸려나가는 경우가 많습니다. 이 책에 소개한 곳 중 약 절반이 이에 해당됩니다. "호스트를 만나보고 싶어!"라는 생각으로 여행을 떠날 정도로 매력있는 주인이 많지만 365일 현장에 있는 것은 아니므로 부재중이라도 너무 실망할 필요는 없습니다.

부부가 함께 경영하는 경우도 많은데 이 책의 약 20%가 이에 해당됩니다. 보통 역할을 분담하는데, 요리를 잘하는 아내와 분위기를 잘 띄우는 남편 등 시너지 효과를 살려 편안한 분위기를 만듭니다. 25% 정도는 법인. 동료와 함께 운영하거나 기존의 도시개발 회사, 지역 활성을 목적으로 한 NPO법인이 신사업으로 운영하는 경우입니다.

게스트하우스 호스트의 경력에 대해서도 알아볼까요? 이 책에 등장하는 게스트하우스 오픈시 평균연령은 35.8세. 약 80% 이상이 숙박업이나 관광업계가 아닌 다른 업종에 종사하다가 게스트하우스를 오픈한 경우입니다. 경력은 다양하지만 공통점이라면 여행을 좋아하고 사람을 좋아한다는 점입니다. 문득 자신의 관심과 성향을 깨닫고 '게스트하우스 운영자'로 전업을 결심하는 것 같습니다.

어떤 업종에 종사했는지 살펴보면, 역시 가장 많은 업종이 호텔과 여관 등의 숙박업입니다. 다음은 건축이나 설계, 광고나 디자인, 승무원이나 현지 가이드 등의 관광업이었어요. 서비스업은 소프트한 면이 많고 건축업은 하드한 면이 많다고 생각되는데, 광고와 디자인 업종에 종사한 이도 많은 것은 특이합니다. 이는 게스트하우스가 지역을 체험하는 '미디어 역할'과도 연결되어 흥미롭습니다.

'게스트하우스 주인'은 근무시간이 하루 종일. 숙박요금이 저렴하기 때문에 결코 쉽게 돈을 벌 수는 없어요. 그저 여행자를 맞이하고 지역을 알리는 것이 좋아 마음을 담아 정성스럽게 운영하는 경우가 대부분입니다. 인연을 소중히 여기고 게스트를 자신이 사는 곳으로 초대하고 있는 것이지요.

결국 게스트하우스는 대접하는 사람과 대접받는 사람 모두를 의미하는 '누구나가 게스트가 되는 집'의 줄임말일지도 모릅니다.

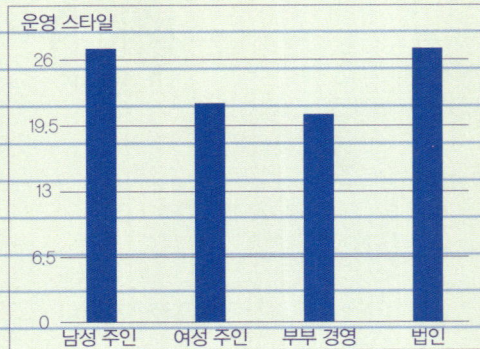

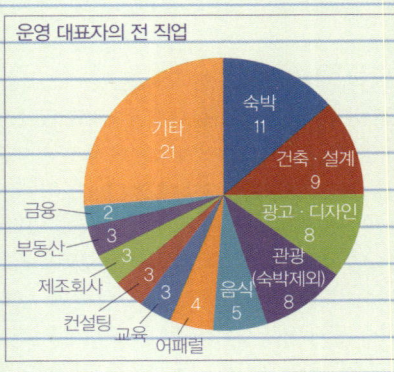

위의 표는 이 책에 기재된 게스트하우스 100곳에 협조를 받은 앙케이트와 취재에 기초한 데이터입니다.

11

개성 만점
게스트하우스

콘셉트가 명확하고 개성이 넘치는 10곳의 게스트하우스를 소개합니다. 바느질을 할 수 있는 곳, 동화 속 주인공을 콘셉트로 한 곳, 책방 같은 숙소, 카페 같은 숙소, 캠핑을 할 수 있는 곳
자동차나 가다랑어 마을의 특징, 아시아 지원과 이주를 목표로 하는 등 다양한 콘셉트가 담긴 숙소들입니다.

東京都 도쿄도 도쿄시

시나 토 잇페이

シーナと一平 / Sheena and Ippei

개성 만점
게스트하우스

바느질과 뜨개질을 통한 만남이 있는 숙소

재봉틀로 달그락달그락, 바늘과 실로 꼼꼼하게, 때로는 코바늘로 뜨개질을 하면서 "천으로 세계와 연결된다. 재봉틀로 마을과 연결된다."를 콘셉트로 한 재봉틀 카페가 있는 게스트하우스가 있다. 바느질과 뜨개질을 통한 여러 프로젝트가 열려 동네 주민도 자주 들르는 공간이다. 이케부쿠로역에서 한 정거장 거리이지만 시타마치 지역을 체험할 수 있는 독특한 마을이다.

43년 된 돈가스 가게를 깔끔하게 리뉴얼 한 다음 상호를 그대로 살려 2016년 3월 게스트하우스로 오픈했다. 외국에서 온 게스트들과 재봉틀을 쓰러오는 아이들과 엄마, 동네 할머니들이 다다미방 거실에서 자연스레 문화 교류를 나눈다. 밝은 성격의 주인 에모토 씨가 게스트를 편안하게 안내한다.

시이나타운 대표이사
히카미야마 고이치 씨
여주인 에모토 쥬리 씨

🏠 東京都 豊島区 長崎 2-12-4
   (시이나마치(椎名町)역에서 도보 4분)
🏠 도쿄도 도시마구 나가사키 2-12-4
☎ 03-5926-4410
🌐 http://www.sheenaandippei.com
¥ 남녀공용 도미토리/개인실
   1박1인당4104엔~ 개인실1실14000엔

북 앤 베드 도쿄

ゲストハウスポンギー / BOOK AND BED TOKYO

東京都 도쿄도 도쿄시

개성 만점 게스트하우스

숙박할 수 있는 책방, 북스테이 게스트하우스

젊음의 거리 이케부쿠로(池袋) 한복판. 각층마다 음식점이 들어선 7층 빌딩에 '숙박할 수 있는 서점'을 콘셉트로 한 숙소가 2015년 11월 문을 열었다. 엘리베이터를 타고 올라가면 비밀의 방 같은 공간에 갑자기 접수처가 나타난다. 안으로 들어가면 높은 벽면을 가득 채운 책장이 사방을 둘러싸고 있다. Shibuya Publishing&Booksellers가 선정한 잡지, 만화, 문예지 등 읽고 싶은 책들이 가득하다.

책장 사이사이에 캡슐호텔처럼 매트리스가 놓인 잠자는 공간이 나온다. 책을 읽다가 스르륵 잠드는 '행복한 순간'을 경험하는 이색 숙소이다. 운영은 부동산 셀렉트숍 사이트를 운영하는 R-STORE. 도쿄에 사는 이들도 하루밤 묵고 싶은 곳을 만들자는 생각으로 북 앤 베드를 디자인했다고 한다.

BOOK AND BED TOKYO의 여러분

🏠 東京都 豊島区 西池袋 1-17-7 ルミエールビル 7階 (이케부쿠로(池袋)역에서 도보 4분)
🏠 도쿄도 도시마구 니시이케부로 1-17-7 루미에루 비루 7F
📖 문의는 website
💻 http://bookandbedtokyo.com
¥ 남녀공용 도미토리
   1박 1인당 3780엔~

가메지칸

亀時間 / Kamejikan

가나가와현 가마쿠라시
神奈川県

개성 만점 게스트하우스

동화 '모모'를 생각하며 소중한 시간을 되찾는 숙소

가마쿠라(鎌倉) 막부시대 항구로 번성한 가마쿠라의 자이모쿠자(材木座). 오래된 상점가가 있는 이 마을에 미야다이쿠(宮大工:궁궐이나 사찰의 건축을 전문으로 하는 목수)가 지은 90년 된 전통 가옥을 개조한 숙소가 있다. 갈색 바닥 타일이 차분한 공유 라운지에는 큰 가미다나(神棚:벽 위에 높이 설치하는 신을 모시는 감실)가 있다. 주말이면 카페로 변신하는데, 지역 채소로 만든 건강한 가정식 메뉴가 있다.

주인 마사 씨는 아시아와 아프리카 등을 여행하며 고향인 가마쿠라를 알리고 싶은 마음에 2011년 4월 게스트하우스를 열었다. 미하엘 엔데의 동화 '모모'에서 평온한 시간을 되찾는 상징으로 그려진 '거북'을 생각하며 이름도 거북이의 시간을 의미하는 '가메지칸'으로 명명했다. 절에서 하는 요가 체험, 음악 산책 등 마을을 더 깊이 체험할 수 있는 기획도 진행하고 있다.

주인
사쿠라이 마사유키 씨

🏠 神奈川県 鎌倉市 材木座 3-17-21
  (구혼지(九品寺)버스정류장에서 도보 30초)
  가나가와현 가마쿠라시 자이모쿠자 3-17-21
📞 0467-25-1166
🌐 http://kamejikan.com
¥ 남녀공용 도미토리/개인실
  1박 1인당 3200엔~・개인실 1실 9000엔~

게스트하우스 퐁기

ゲストハウスポンギー / Guesthouse Pongyi

이시카와현 가나자와시 **石川県**

개성 만점 게스트하우스

아시아인 자립 위해 기부하는 게스트하우스

가나자와의 지은 지 140년 된 옛 포목점을 게스트하우스로 개조하고 2009년 6월에 오픈하였다. 전통 가옥인 마치야에서 묵는 하루는 좀더 특별한 느낌을 주는데, 아시아인의 자립을 지원하는 NPO(비영리단체)에 이익의 일부를 기부하고 있다. 대표 마사요시 씨는 미얀마에서 승려 체험을 한 것을 계기로 NPO 자원봉사 활동을 시작했다.

'다른 이들과 깊은 마음을 나누는 인생'을 살고 싶다는 생각에 퐁기 게스트하우스 운영을 맡게 되었다고. 2층 침대의 도미토리룸과 공유공간, 욕실 등 공간을 아기자기하게 꾸며놓아 아늑한 느낌이다. 스태프 마루 씨가 매일 게스트끼리 소개하기, 학 접기 등 체험과 이벤트를 진행하여 거실에서는 국적을 넘나드는 만남이 이루어지고 있다.

대표
요코카와 마사요시 씨

🏠 石川県 金沢市 六枚町 2-22
(가나자와(金沢)역에서 도보 7분)
이시카와현 가나자와시 로쿠마이마치 2-22
📱 076-225-7369
✉ http://pongyi.com
¥ 남녀공용 도미토리 / 여성전용 도미토리 / 개인실
1박 1인당 3000엔~ 개인실 1실 4500엔~

아이치현 나고야시

愛知県

니시아사히 게스트하우스

喫茶、食堂、民宿。西アサヒ
CAFÉ RESTAURANT & Guesthouse NISHIASAHI

개성 만점 게스트하우스

달걀 샌드위치로 유명한 가게를 살린 숙소

나고야역과 나고야 성 가운데 위치한 엔도우지쇼텐가(円頓寺商店街). 오래된 나가야(연립주택)가 이어진 옛 모습의 상점가에 니시아사히 게스트하우스가 있다. 80년이 넘은 노포 찻집(깃사텐喫茶店)은 다마고 샌드(달걀 샌드위치)가 유명하였다. 주인의 건강이 나빠져 몇 년간 비어있었는데, 그 추억을 살려 2015년 4월, 모던하면서도 옛 추억을 살린 게스트하우스로 오픈하게 되었다.

도미토리룸은 2층 침대로, 벽까지 모두 나무로 마감해 깔끔하면서도 따뜻한 느낌이다. 1층 찻집은 모던한 흑백 격자 바닥에 추억을 살려 디자인하고, 대표 메뉴로 과거의 다마고샌드를 재현해 내고 있다. 주인 시호 씨는 "상점가 사람들이 게스트를 챙기고, 게스트도 상점가를 좋아하는 마음이 이어져 기쁘다." 고 한다.

주인
이쿠마 시호 씨

🏠 愛知県 名古屋市 西区 那古野 1-6-13
　 (고쿠사이센타(国際センター)역에서 도보 5분)
🏠 아이치현 나고야시 니시구 나고노 1-6-13
📞 052-551-6800
🌐 http://www.nishiasahi.nagoya
¥ 남녀공용 도미토리/개인실
　 1박 1인당 3240엔~ 개인실 1실 11800엔

게스트하우스 마치야도

郡上八幡ゲストハウス まちやど
Gujo-Hachiman Guesthouse Machiyado

기후현 구조시 岐阜県

개성 만점
게스트하우스

여성에게 편안한, 쉐어하우스 같은 숙소

구조오도리(郡上おどり:일본 3대 윤무 중 하나로 중요무형 민속문화재) 마츠리로 유명한 구조하치만. 아름다운 강이 흐르는 죠카마치(城下町:성 아래 있는 거리) 옆에 2014년 4월에 게스트하우스 마치야도가 문을 열었다. '이주 지원'을 첫 번째로 내걸고 힘쓰는 숙소다. 주인 세이코 씨는 제2의 인생을 고민하던 중 여행길에 만난 이곳에 반해 이주를 하였다. 마치야도는 두 지역살이 체험과 여행 거점을 콘셉트로 표방하고 있다. 세이코 씨는 연고없는 지역에 이주하며 겪었던 어려움을 잘 알기에 여성 혼자 머물러 갈 수 있도록 배려해 도미토리룸 안에 화장실, 욕실 등을 설치했다. 동네 주민이 숙소에 놀러오기도 하는데, "마치야도를 계기로 구조로 이주했다."는 반가운 목소리도 늘기 시작했다.

대표
기무라 세이코 씨

🏠 岐阜県 郡上市 八幡町 島谷 674-1
　(죠가마치푸라자(城下町プラザ)버스정류장에서 도보 8분)
🏠 기후현 구조시 하치만정 시마다니 674-1
📞 0575-67-9118
💻 http://machiyado.info
¥ 여성전용 도미토리/개인실
　1박 1인당 3500엔~ 개인실 1실 6000엔

오카야마현 오카야마시
岡山県

캠프 백패커스 인 앤 라운지
KAMP Bakpacker's Inn & Lounge

개성 만점
게스트하우스

아웃도어 캠프 이벤트 운영진이 꾸민 게스트하우스

세토우치(瀬戸内)해 우시마도(牛窓)에 떠 있는 외딴섬에서 매년 가을이면 수백 명이 모이는 아웃도어 캠프(Ushimado Natural Camp)가 열린다. 이 이벤트는 지역의 30대부터 50대의 유지들이 개최하고 있다. 캠프에서 만난 사람들과의 인연을 오래도록 이어가고 싶어 2014년 8월 캠프 백패커스가 문을 열었다.

교통 중심지인 오카야마역과 가까운 상점가에 위치해 있는데, 외관의 나무 비늘이 인상적이다. 마치 트리하우스처럼 보인다. 이곳은 아웃도어 상품 판매, 토크쇼와 LIVE, DJ 이벤트 등 다양한 프로그램을 운영해 지역민은 물론 외국 게스트와의 문화교류의 장이 되고 있다. "처음에는 혼자, 두 번째는 연인과 함께, 세 번째는 가족과 함께"라고 말하는 게스트도 있을 정도.

매니저
기타지마 다쿠야 씨

🏠 岡山県 岡山市 北区奉還町 3-1-35
   (오카야마(岡山)역에서 도보 5분)
🏠 오카야마현 오카야마시 기타구 호칸정 3-1-35
📞 086-254-1611
🖥 http://kamp.jp
¥ 남녀공용 도미토리/여성전용 도미토리/개인실
   1박 1인당 3000엔~ 개인실 1실 7000엔

시마나미 게스트하우스 시쿠로노이에

しまなみゲストハウス シクロの家
Shimanami Guesthouse Cyclo No Ie

에히메현 이마바리시 愛媛県

개성 만점
게스트하우스

자전거 여행자의 성지에 문을 연 최적화된 숙소

자전거 여행자의 성지로 불리는 세토우치(瀬戸内) 시마나미 카이도(しまなみ海道). 연간 주행대수 32만 대를 넘는 이곳은 일본 최초의 해협 횡단 자전거도로가 있다. '시쿠로노이에'는 시마나미의 현관인 이마바리(今治)에 2014년 7월에 오픈하였다. 자전거 여행자에게 최적화된 숙소인 셈. 운영은 자전거를 통해 지역활성화를 펼치는 NPO법인 시클로투어리즘 시마나미가 하고 있다.

"시마나미가 좋고 여행이 좋고 자전거가 좋아."라고 외치는 스태프들은 자전거 주차장, 관리 장비 등 자전거 여행자들이 원하는 정보와 서비스에 최선을 다하고 있다. 또한 지역의 최신 여행 정보가 모이는 곳이어서 자전거 여행자뿐 아니라 다른 여행자들에게도 도움을 주고 있다.

매니저
우츠노미야 가즈나리 씨

🏠 愛媛県 今治市 北宝来町1-1-12 (이마바리(今治)역에서 도보 1분)
　에히메현 이마바리시 기타호라이쵸 1-1-12
📞 0898-35-4496
🌐 http://cyclonoie.com
💰 남녀공용 도미토리/여성전용 도미토리/개인실
　1박 1인당 2500엔~ 개인실 있음

高知県 / 고치현 고치시

가츠오 게스트하우스

かつおゲストハウス / Katsuo Guesthouse

개성 만점 게스트하우스

가다랑어가 풍어! 고치 전문가가 경영하는 숙소

가다랑어를 뜻하는 '가츠오' 게스트하우스. 미닫이 문에 그려진 헤엄치는 큰 가츠오가 먼저 눈에 들어오는데, 달의 명소인 가츠라하마(桂浜)에 서있는 용마상을 재현한 목욕탕, 친카바시(沈下橋:침수교)를 본뜬 문 앞에는 시만토(四万十)의 정보가 가득한 화장실 등 고치현의 전통문화를 보여주는 상징물이 곳곳에 있다. '고치현 대사관'을 자임하는 이곳은 주인 마티 씨와 지역 아티스트들이 힘을 모아 2012년 4월에 오픈했다.

마티 씨는 10대에 하토버스 승무원으로 30개국을 여행했고, 20대에는 지역 타운지의 편집자로 고치현 구석구석을 누볐다고 한다. 30대에 그동안의 경험을 바탕으로 숙소를 오픈하였다. 그는 고치현 전문가다. 여행 온 게스트나 스태프가 고치로 이주를 결정할 때가 가장 행복하다고 말하는, 자칭 고치현 홍보대사이다.

주인
마에다 마티 씨

🏠 高知県 高知市 比島町 4-7-28
　(고치(高知)역에서 도보 10분)
　고치현 고치시 히지마정 4-7-28
📞 070-5352-1167
🌐 http://katuo-gh.com
💴 남녀공용 도미토리/여성전용 도미토리/개인실
　1박 1인당 2800엔~ 개인실 1실 3800엔~

나가사키 가가미야

長崎かがみや / Nagasaki Kagamiya

나가사키현 나가사키시
長崎県

개성 만점
게스트하우스

앤티크 기모노를 빌려주는, 나가사키 숙소

노면전차를 타고 종점인 호타루자야(蛍茶屋)역에 내리면 신사의 도리이(鳥居)가 보이고 근처 막다른 골목에 스테인드글라스 조명과 앤티크 가구로 꾸민 게스트하우스가 나온다. 동서양이 어우러진, 나가사키를 상징하는 가가미야는 이치하라 씨 부부가 운영하고 있다. 이곳에서 다이쇼 풍의 앤티크 기모노를 빌릴 수 있어 인기이다.

주인 부부는 여행을 좋아해 40대 중반에 제2인생을 설계하며 '여행자를 맞이하는' 일을 하자고 결심. 여주인 유카리 씨의 취미를 더해 '앤티크 기모노와 숙소'라는 콘셉트로 2010년 3월에 오픈했다. 고요하고 깨끗한 마음을 뜻하는 명경지수(明鏡止水)에서 따온 가가미야는 게스트들이 맑은 마음으로 즐겁게 지내기를 바라는 마음을 담고 있다.

대표
이치하라 코이치로 씨
이치하라 유카리 씨

🏠 長崎県 長崎市 本河内 1-12-9
    (호타루자야(蛍茶屋)역에서 도보 5분)
    나가사키현 나가사키시 혼고우치 1-12-9
📞 095-895-8250
🌐 http://n-kagamiya.com
¥ 남성전용 도미토리/여성전용 도미토리/개인실
    1박 1인당 2500엔~ 개인실 1실 4500엔

Column 7

[이주x게스트하우스] 어디서 누구와 무엇을 하며 살까?

이제는 일하는 방법도 살아가는 방법도 자유롭게 선택하는 시대. 몇 년 전만 해도 '지방에 일자리가 없다.'는 것이 공공연한 사실이었지만, 지금은 '지방은 재미있다!'로 바뀌며 지방이 주목을 받고 있습니다. '지방에서 일을 만들자.', '지방을 포터블화하자.'는 '지방 거점 발상'이 확산되고 있습니다. (저는 후자쪽 의견입니다)

게스트하우스는 다른 지방에 사는 이들이 찾아오기 때문에 '지방에서 일'을 시작하기 좋은 업종입니다. 최근에는 '국내외 여행자가 부담 없이 묵을 수 있는 곳을 만들자'뿐만 아니라 '우리 마을의 매력을 알리는 곳'으로 만들자는 생각이 더해져 창업하는 경우도 종종 보입니다.

이 책에 소개된 100곳의 앙케이트를 살펴보면, 도심에서 지방으로 이주하는 I턴은 약 3분의 1, 도시와 해외에서 경험을 쌓고 다시 지방으로 돌아오는 U턴이 약 3분의 1로 66%가 지방 이주에 따른 창업이라는 결과가 나왔습니다.

'여기에서 일을 만들자.'는 장소에 끌려 이주한 다음 생업으로 게스트하우스를 선택한 경우도 있지만, 반대로 '어디에선가 게스트하우스를 오픈'하자는 생각으로 장소를 찾아 이주하는 경우도 있습니다. 어느 경우이든 입지가 불편할수록 게스트를 유치하기 어렵기 때문에 비용을 줄이면서도 게스트하우스를 알릴 방법을 찾는 노력이 더 필요합니다.

지금까지는 운영자 이야기였지만, 게스트의 경우도 게스트하우스 경험과 이주는 밀접한 관계가 있습니다. 여러 게스트하우스의 에피소드에서 등장하는 것처럼 숙박이나 여행에서 도움 받은 것을 계기로 마을이 좋아지고 최종적으로는 이주를 결심했다는 경우도 다수입니다. 먼저 두 지역살이를 시작하고 일상으로 확대시킨 사람도 있습니다.

부담 없이 머물 숙소가 있으면 당일치기 여행이 '1박 여행'이 되면서 지역의 아침과 점심과 저녁의 표정을 생생하게 볼 수 있게 됩니다. 그리고 어느덧 지역을 점점 사랑하게 됩니다. 게스트하우스 주인이 이주자라면 그야말로 이주 선배의 조언을 들을 수 있어 이주지를 검토하는 게스트에게는 정말 안성맞춤이라고 할 수 있습니다.

꿈꾸는 미래를 실현할 '곳'이라고 느껴지는 장소에서 '이 사람이다.'라고 생각되는 동료들과 함께 창업을 선택한 100곳의 게스트하우스. 그렇게 생각하면서 이 책을 읽으면 또 다른 기분으로 즐길 수 있을 것입니다. 자, 무한히 열린 미래에 여러분은 어디서 누구와 무엇을 하면서 살고 싶습니까?

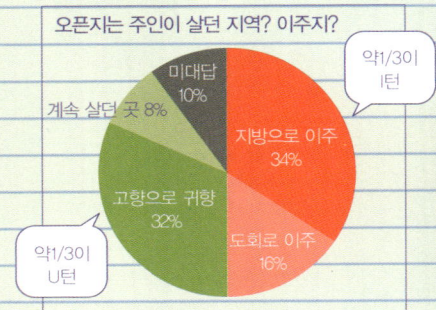

위의 표는 이 책에 기재된 게스트하우스 100곳에 협조를 받은 앙케이트와 취재에 기초한 데이터입니다.
사진 우: 이주를 테마로 한 구조하치만 게스트하우스 마치야도(まちやど)(p.117)가 있는 마을 풍경

12

콜라보
게스트하우스

기발한 아이디어가 있는 콜라보 게스트하우스 10곳을 소개합니다. 지역에서 오랫동안 사랑받던 식당과 콜라보한 음식점×게스트하우스, 도서관×게스트하우스, 쉐어오피스×게스트하우스, 아틀리에×게스트하우스, 놀랍게도 쌀가게× 농가×게스트하우스 까지 있네요.

北海道 홋카이도 삿포로시

언탭트 호스텔

アンタップト ホステル / UNTAPPED HOSTEL

콜라보 게스트하우스

맛집과 콜라보한 삿포로 게스트하우스

5층 장어가게 건물을 수리하여 2014년 12월 게스트하우스 겸 밥집으로 오픈하였다. 친구들과 아지트를 만들 듯 각자 잘하는 분야를 살려서 만들어낸 이곳은 내부 장식은 한 친구가 태국에서 구입한 낡은 자재로 꾸미고, 꽃집을 운영하는 친구의 드라이 플라워 아트를 곁들였다. 도미토리는 각 침대가 트리하우스처럼 나무로 가려진 반개인실로 꾸몄다.

특히 1층 '고향야 하루'는 17년간 현지인에게 사랑받는 맛집으로, 한 지붕 아래서 손님을 맞이하게 되었다. 맛있는 냄새는 계단을 통해 2층의 게스트 로비까지 풍긴다. 여행자와 동네 주민이 어깨를 맞대고 식사를 즐기는 풍경을 볼 수 있다. 숙소가 매개가 되어 사람들이 만나게 되기를 바라는 마음을 호스텔 이름에 담고 있다.

대표
진 테루야 씨

🏠 北海道 札幌市 北区北18条西 4-1-8
　(기타쥬우하찌쵸우(北18条)역에서 도보 30초)
　홋카이도 삿포로시 기타구 기타 쥬하치쵸 니시 4-1-8
📞 011-788-4579
🔗 http://untappedhostel.com/
¥ 공용도미토리/개인실
　1박 1인당 3200엔~ 개인실 1실 4500엔

고류 게스트하우스

ゴリョウゲストハウス / Goryo Guesthouse

홋카이도 후라노시 北海道

콜라보 게스트하우스

카페+숙소를 갖춘 빨간 지붕 후라노 게스트하우스

여름이면 푸른 신록과 라벤더로, 겨울이면 흰 눈밭으로 아름다운 후라노. 한 가운데에 사이좋게 서 있는 빨간 지붕집 두 채가 있다. 지은 지 85년 된 본채는 게스트하우스로, 헛간은 카페로 리뉴얼하여 운영하고 있다. 주인 사와이 씨 부부는 2년간의 세계 일주를 마치고 인연이 닿아 이 건물을 만났고 후라노로 이주했다. 여행 경험을 살린 게스트하우스와 카페를 열기로 결정하고 수리를 거듭한 끝에 2011년 7월에 오픈했다.

외국 여행자를 맞는 것은 물론, 세계의 문화를 지역민에게 소개하는 여러 행사도 열고 있다. 직접 재배한 채소로 만든 메뉴도 인기다. 각지의 카페에서 열리는 이벤트에도 참여하는데 "예전에 고류에서 묵은 적이 있어요."라며 말을 건네는 게스트를 만난 적도 있다고 한다.

주인
사와이 마사키 씨 부부

🏠 北海道 富良野市 上御料
   (고류큐센(御料9線)버스정류장에서 도보 9분)
   홋카이도 후라노시 가미고료
📞 0167-23-5139
🌐 http://www.goryo.info/guesthouse/
¥ 남녀공용 도미토리/여성전용 도미토리
   1박 1인당 2000엔~

山形県
야마가타현 무라야마시

고메야카타 게스트하우스
こめやかたゲストハウス / KOMEYAKATA Guesthouse

콜라보
게스트하우스

야마가타 토박이 남매의 쌀가게+농가+숙소

야마가타 토박이 남매가 가족과 함께 운영하는 게스트하우스. 동생 나오 씨는 외국에서 게스트하우스를 체험하고 언젠가 게스트하우스를 운영하고 싶다는 생각을 했다고. 거기에 오빠와 비슷한 시기에 결혼해 가족이 한꺼번에 늘어난 것. 남매는 본가의 쌀가게 일부를 수리해서 2014년 4월, 정원 5명의 숙소를 오픈하였다. 쌀가게+농가+숙박이라는 독특한 스타일이 실현된 것이다.

텃밭과 벼찌 등도 기르는데 희망자는 아침 농사일에 참여하는 등 농가의 일상을 경험할 수 있다. "고메야카타를 통해 일상에서도 야마가타에서 생산된 식재료에 관심을 가지게 되고, 생산자의 얼굴을 떠올릴 수 있으면 좋겠다."고 나오 씨가 웃는 얼굴로 이야기한다.

여주인
사카이 나오 씨

🏠 山形県 村山市 楯岡鶴ヶ町 2-2-6
(무라야마(村山)역에서 도보 20분)
🏠 야마가타현 무라야마시 다테오카 츠루가정 2-2-6
📞 070-5326-5663
💻 http://komeyakata-gh.wix.com/komeyakataguesthouse
¥ 남녀공용 도미토리/개인실
1박 1인당 2500엔
개인실 1인당 2500엔

오모테나시 라보

おもてなしラボ / Omotenashi lab

치바현 사쿠라시　千葉県

콜라보 게스트하우스

카페+도서관+코워킹 스페이스+숙소

옛 무사의 저택(부케야시키武家屋敷)이 남아있는, '도쿄에서 제일 가까운 시골' 사쿠라(佐倉). 나리타 공항에서 전차로 한 정거장인 이 마을에 실험적인 복합시설이 있다. 폐관한 자료관을 수리해 1층 주차장에는 주3회 카레와 커피 등을 파는 이동판매차를 운영하고, 통층 구조의 지하에는 도서관으로, 안쪽의 자유 공간에는 영화상영회나 음악이벤트를 개최한다. 코워킹 스페이스(co-working space)도 있어 말 그대로 복합 건물인셈이다.

2015년 4월에는 게스트하우스도 오픈하여 다양한 교류와 만남이 이루어지고 있다. 복합적인 공간에서 세계의 여행자들을 끌어당기는 게스트하우스라는 역할은 필수적인 것 같다.

대표
도리우미 노타카노리 씨

🏠 千葉県 佐倉市 新町168 (게이세이 사쿠라(京成佐倉)역에서 도보 10분)
　치바현 사쿠라시 신마치 168
📞 043-310-7595
💻 http://omotenashilab.com/
¥ 남녀공용 도미토리
　1박 1인당 3000엔

> 오사카부 오사카시
> 京都府

오사카 하나 호스텔

大阪花ホステル / Osaka Hana Hostel

> 콜라보
> 게스트하우스

일본 토속주가 있는 사케바+숙소

오사카를 대표하는 난바, 도톤보리, 신사이바시와 가까운 아메리카무라쪽. 이곳에 하나 호스텔이 있다. 일본 내에 10개의 점포를 가지고 있는 대형법인 J-Hoppers(ジェイホッパーズ)가 운영하는 곳으로, 비즈니스 호텔을 호스텔로 리뉴얼 하였다. 1층에는 진귀한 일본 술을 모두 맛볼 수 있는 '하나 사케 바(はな酒バー)'가 있다. 2층 침대의 도미토리룸, 다다미 개인실, 침대 개인실 등 룸도 다양하고 주방의 식기 등도 잘 갖춰져 있다. 친절한 여성 스태프도 인상적이다.

동일본 대지진으로 힘들 때 함께 힘을 내자는 마음을 모아 2012년 6월 오픈했다. 2015년에는 대표 이이다 씨의 꿈이었던 일본 술 Bar도 열어 각지의 진귀한 술을 판매하고 있다. 세계 각지에서 온 게스트와 주변의 비즈니스맨, 업무를 마친 스태프가 모여 이야기꽃을 피우는 공간이라고 한다.

매니저
하네하라 마사에 씨
(대표이사는 이이다 아키히토 씨)

🏠 大阪府 大阪市 中央区 西心斎橋 1-8-4
　(신사이바시(心斎橋)역에서 도보 2분)
🏠 오사카부 오사카시 츄오쿠 니시신사이바시 1-8-4
📞 06-6281-8786
🌐 http://osaka.hanahostel.com/index_j.html
¥ 남녀공용 도미토리/여성전용 도미토리/개인실
　1박 1인당 3000엔~ 개인실 1실 6800엔~

게스트하우스 유엔

ゲストハウス由苑 / Guesthouse U-En Osaka

 오사카부 오사카시 京都府

콜라보 게스트하우스

아침, 점심, 저녁으로 간판이 바뀌는 식당+숙소

오사카 역에서 걸어서 15분, 공중정원으로 유명한 스카이빌딩 근처 도심 한가운데 100년이 넘은 2층 건물을 게스트하우스로 꾸며 2013년 12월에 오픈했다. 둥근 미닫이 창문과 붉은 융단이 깔린 계단 등 옛 일본 느낌을 잘 살린 실내는 2층 침대 도미토리와 다다미방의 개인실 등 다양하게 갖추어 놓아 가족여행객도 이용할 만하다. 교통이 좋고 인근에 편의점 식당, 백화점, 쇼핑가가 있다는 것은 큰 장점.
2016년 4월부터 1층을 확장, 도자기와 수건 등 셀렉트 잡화점과 아침에는 조식, 점심은 직접 로스팅한 '아쿠타가와(芥川) 커피', 저녁에는 '월트키친 TYCHO'로 시간대에 따라 간판과 메뉴가 달라지는 식당을 운영하고 있다. 여행자는 물론 동네 주민들까지 들르는 공간이다. 한국어 사이트도 있다.

매니저 이토 마리코 씨
(주인은 미조베 가나 씨)

🏠 大阪府 大阪市 福島区 福島 2-9-23
(후쿠시마(福島)역에서 도보 4분)
오사카부 오사카시 후쿠시마구 후쿠시마 2-9-23
📞 06-7503-4394
http://u-en.hostelosaka.com/
¥ 남녀공용 도미토리/여성전용 도리토미/개인실
1박 1인당 2800엔~ 개인실 1실 6400엔~

129

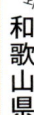

와카야마현 와카야마시
和歌山県

게스트하우스 리코
Guesthouse RICO

콜라보 게스트하우스

공유하는 공간을 꿈꾸는 와카야마 게스트하우스

간사이공항에서 버스로 갈 수 있는 와카야마시. 와카야마성과 가까운 도심에 2015년 12월 리코 게스트하우스가 문을 열었다. 5층 건물에 1층은 스타일리시한 카페와 바가 있고, 5층에 도미토리룸과 개인실을 갖춘 숙소가 있다. 'Find your Seeds', 타인과 장소를 공유하면서 새로운 깨달음을 얻고 내면의 풍부한 씨앗을 발견하리라는 콘셉트이다.

'부동산을 활용한 지역 활성화'를 지향하는 와카야마모리사(ワカヤマモリ㐂)의 첫 번째 사업으로, '쉐어'를 중시하며 코워킹스페이스, 쉐어오피스, 쉐어키친, 쉐어하우스, 옥상을 활용한 텃밭 등 건물 내에서 여러 활동을 펼칠 계획이다. 2층 침대와 다다미방의 개인실이 있고 욕실도 새로 오픈해 깔끔하고 세련된 인테리어를 자랑한다. 전 세계 여행자들이 와카야마를 찾아오기를 기대하고 있다.

매니저
미야하라 다카시 씨
스태프 다치바나 마리 씨

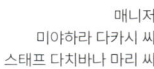

🏠 和歌山県 和歌山 市新通 5-6
   (와카야마 (和歌山)에서 도보 15분)
🏠 와카야마현 와카야마시 신토리 5-6
📞 073-488-6989
🌐 http://www.guesthouserico.com
💴 남녀공용 도미토리/여성전용 도미토리/개인실
   1박 1인당 3200엔~ 개인실 1실 7500엔~

도리이 쿠구루 게스트하우스

とりいくぐる Guesthouse / Tori-kuguru Guesthouse

오카야마현 오카야마시
岡山県

콜라보
게스트하우스

마당을 공유하는 복합시설이 있는 숙소

오카야마 성과 고라쿠엔에서도 가까운 시타마치(下町:서민들이 살던 곳) 풍경이 남아있는 상점가. 채소가게 옆에 4개의 도리이가 세워진 신비한 건물이 있다. 약 60년 된 이곳을 리뉴얼해 2013년 7월 복합시설 NAWATE를 열었다. 징검돌이 놓인 안마당을 공유하며 작은 가게와 아틀리에가 있고, 도리이를 지나서 오른쪽에는 도리이 쿠구루 게스트하우스가 있다.

옛 정육점이자 주택이던 이곳에 여우가 고기를 훔쳐가지 못하도록 이나리 신사(稲荷神社)를 지으며 도리이를 세운 것이 시작이었다고. 주인 아카시 씨는 도리이 쿠구루 운영 뿐 아니라 지역의 빈집을 개조, 활용하는 활동도 함께 하고 있다. 앞마당에서는 주민과 함께 하는 행사를 열기도 한다. 2층 침대 형식의 도미토리룸과 개인실도 있다.

주인
아카시 켄지 씨

🏠 岡山県 岡山市 北区 奉還町 4-7-15
　(오카야마(岡山))역에서 도보 13분)
　오카야마현 오카야마시 기타구 호칸정 4-7-15
📞 086-250-2629
🌐 http://toriikuguru.com/
¥ 남녀공용 도미토리/여성전용 도미토리/개인실
　1박 1인당 3000엔~ 개인실 1실 4500엔~

터널 게스트하우스

トウネル / Tunnel Guesthouse

후쿠오카현 기타큐슈시
福岡県

콜라보
게스트하우스

쉐어 아틀리에가 있는 규슈 최북단의 숙소

야마구치현과 경계의 해협으로 유명한 모지항, 규슈 최북단에 위치한 터널 게스트하우스는 지은 지 약 70년 된 2층 목조 여관을 리뉴얼하였다. 주인이 엄선한 인테리어 가구가 우아한 분위기를 만드는데, 도미토리는 여성 전용이며, 남성도 개인실이나 전체 도미토리를 한꺼번에 이용할 수 있다.

2층에는 쉐어 아틀리에 공간이 있어, 방마다 각기 다른 물건을 만드는 공방으로 활용하고 있다. 주인 고헤이 씨는 30년 전부터 모지항에서 전통 가옥을 리노베이션해 음식점으로 운영한 경험이 있다. 주문 가구 만들기 등 여러 사업을 병행하다가 2015년 5월에 터널 게스트하우스를 오픈했다. 아틀리에가 있어서 공간에 활기가 돌고, 신뢰할 동료가 있어 더욱 풍요로운 공간이 되고 있다.

주인
하라다 고헤이 씨

🏠 福岡県 北九州市 門司区 東門司 1-10-6
(간몬톤네루샤도구치(関門トンネル車道口)
버스정류장에서 도보 1분)
후쿠오카현 기타큐슈시 모지구 히가시모지 1-10-6
📞 093-342-9464
🖥 http://www.tunnel-mojiko.com
¥ 남녀공용 도미토리/여성전용 도미토리/개인실
1박 1인당 2800엔~ 개인실 1실 4800엔~

하카타 상가 게스트하우스 카이네

博多町屋ゲストハウス界音 / Guesthouse Kaine

후쿠오카현 후쿠오카시 福岡県

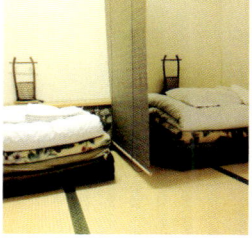

콜라보 게스트하우스

우동 이자카야+숙소, 후쿠오카 게스트하우스

강가를 따라 늘어선 포장마차로 유명한 후쿠오카. 중심가인 나카스(中洲)와 덴진(天神)까지 걸어서 갈 수 있는 상가에 70년된 마치야를 게스트하우스로 리뉴얼해 오픈하였다. 복고풍 물씬한 수타 우동집을 겸한 이자카야가 있고, 옆으로 접수처에서 숙소 안쪽으로 징검돌을 놓아 일본스러운 정취가 가득한 카이네. 우동 이자카야는 동네 주민들에게도 맛집으로 소문이 나서 성황을 이룬다.

주인 카이네 씨는 뮤지션으로 지방 공연 때마다 부담없이 묵을 숙소를 찾는데 애를 먹었다고. 후쿠오카에 그런 숙소가 필요하다는 생각을 하게 됐다. '여행자 뿐 아니라 폭넓은 층의 사람들이 부담없이 묵을 수 있는 숙소'를 직접 만들자는 생각으로 2008년 10월에 오픈했다.

주인
하라 미즈에 씨

- 福岡県 福岡市 博多区 須崎町 5-9
  (나카스카와바타(中洲川端)역에서 도보 7분)
- 후쿠오카현 후쿠오카시 하카타구 스사키마치 5-9
- 092-402-9888
- http://www.kaine-g.com
- 남성전용 도미토리/여성전용 도미토리/개인실
  1박 1인당 2600엔~ · 개인실 1실 4500엔~

데이터로 보는 게스트하우스의 경향

이 책에 소개한 100곳의 게스트하우스 모든 분들의 도움을 받아 데이터를 집계했습니다.
게스트하우스에 관심있는 분들에게는 흥미진진한 내용으로, 중간 중간 칼럼에서 다 담지 못한 이야기와 게스트하우스 소개 사이트 FootPrints의 데이터를 소개합니다.

게스트의 경향

게스트하우스 소개 사이트인 FootPrints 데이터입니다.(http://footprints-note.com)

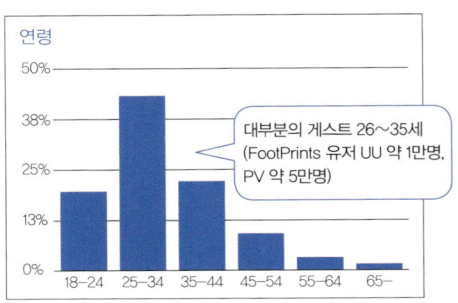
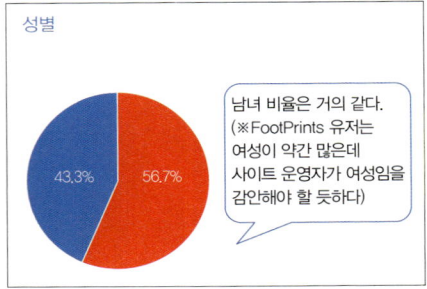

100곳의 게스트하우스 답변에 기초한 데이터입니다.

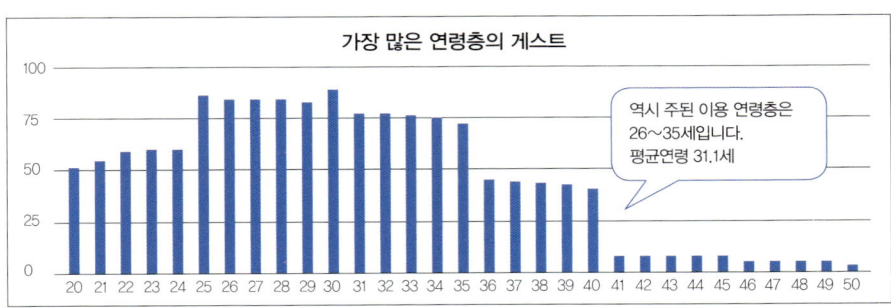

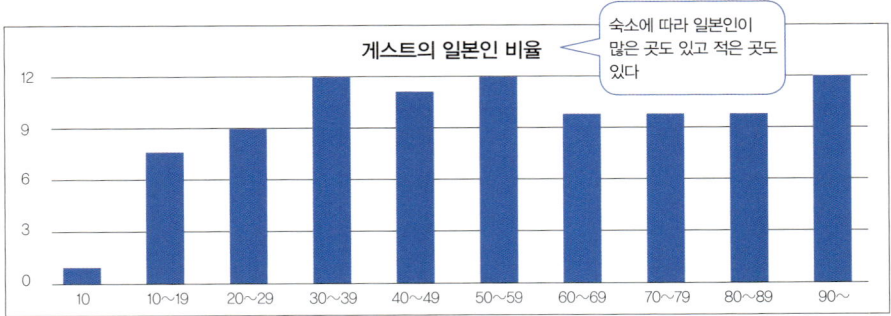

'지방의 전통 가옥 숙소'와 '사이트가 일본어로만 된 곳'은 아무래도 일본인 비율이 높은 경향이 있습니다. 어느 곳이나 '평일은 게스트가 적고, 주말에 많다.'와 '일본인 여성의 나홀로 여행이 의외로 많다.'는 의견이 집계되었습니다.

운영자의 경향

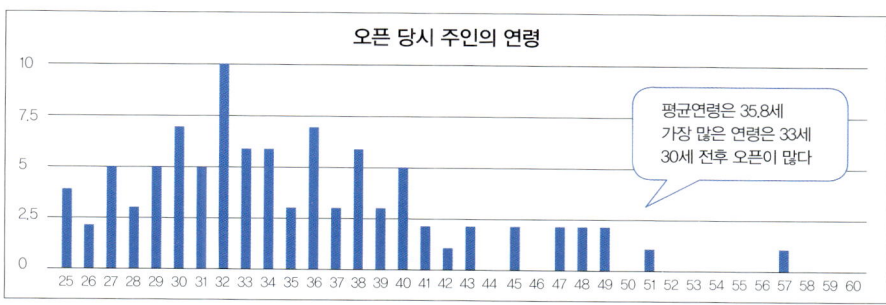

칼럼 '직업×게스트하우스'(p.110)에서 소개했듯이 다른 직업을 경험한 후 오픈하는 경우가 많고(도중에 새로운 사업으로 시작한 케이스도 있다), 30세 전후가 가장 많다.

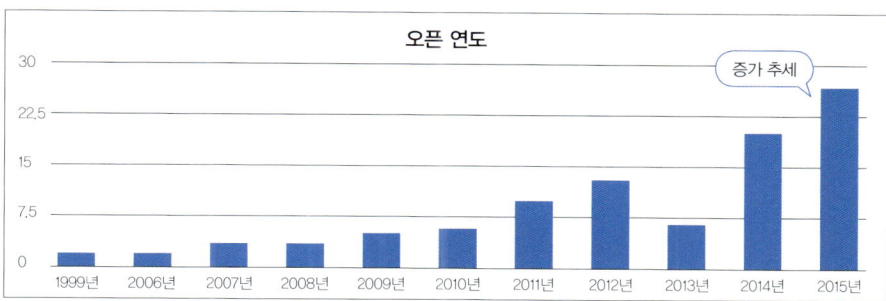

2009년부터 게스트하우스가 느는 경향입니다. 게스트하우스 오픈까지는 1년 이상 준비하는 경우도 적지 않습니다. 2011년 3월 동일본대지진의 영향으로 창업이 일시적으로 감소해 2013년에는 침체한 듯 보였지만 2014년 이후 오픈 러쉬가 이어지고 있습니다.
(주 : 이 책은 게스트하우스 초심자를 위한 것으로, 최근에 오픈한 숙소를 많이 소개한 영향도 있을 것입니다.)

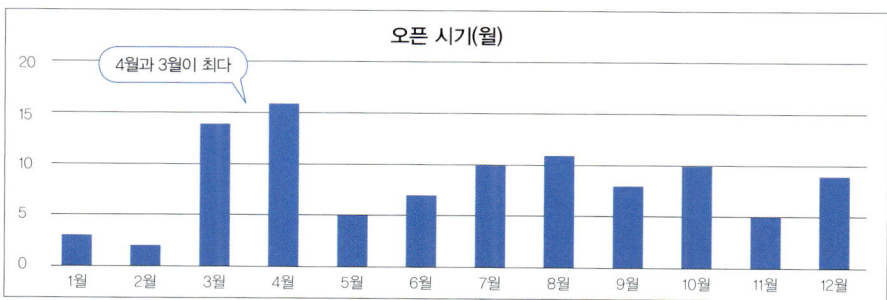

오픈은 대체로 3월, 4월이 많았습니다. 아무래도 더운 여름에 DIY 작업을 피하고 회사의 결산시기와 균형을 맞추기 위해 봄으로 결정하는 것 같습니다.

히로야 요시자토
(도쿄 R 부동산 대표디렉터)
×
마에다 유카리
(FootPrints 운영자)

새로운 일과 만나는 여행

건축, 부동산 개발, 재생 기획사업을 하는 SPEAC 히로야 요시자토 씨. 원래 백패커로 게스트하우스 운영과 설계에 관한 일을 하고 있어 '일본 게스트하우스의 현재와 미래'에 대해 이야기를 나누어 보았습니다.

현지를 맛보는 여행은 일상에 새로운 '스파이스(Spice)'가 되어준다

마에다 히로야 씨는 여행자 기질을 지닌데다 하는 일도 건축과 부동산, 각지의 지방 정보까지 정통하시잖아요. 게스트하우스부터 한 건물을 빌리는 스타일의 숙소까지, 운영과 설계를 맡은 적도 있고 리쿠르트 창시자 옆에서 일한 경험도 있고요. 저에게 있어 멘토같은 존재라 꼭 대담을 하고 싶었어요.

히로야 아이고, 멘토라니요.(웃음) 저야말로 잘 부탁드립니다.

마에다 지금은 도쿄를 거점으로 야마가타, 가나자와, 교토, 히로시마, 후쿠오카 등 현장으로 직접 가는 일도 많다고 들었는데 원래 배낭여행으로 해외를 이곳저곳 돌아다니셨잖아요?

히로야 그래요. 원래 이곳저곳보다는 한 마을에 머무르는 것을 좋아해 이집트 카이로에 2주 동안 있었고, 아스완에서 5일 있거나 사하라 사막 동쪽에서는 노숙 같은 걸 했죠. 뭔가 유명한 장소를 찾아가는 관광보다 주머니에 동전을 넣고 슬리퍼 신고 돌아다니는 것을 더 좋아해요. 가끔 일본인이라고 저를 속이려드는 사람들한테는 이상한 일본어를 가르쳐주기도 했죠.

마에다 후후(웃음). 마을 주민의 느낌으로 여행을 하셨네요. 그럼, 여행의 목적은 그런 느낌을 맛보기 위해서인가요?

히로야 목적같은 건 크게 없어요. 그냥 여행하고 싶은 것 뿐이죠.(웃음) 굳이 말로 표현한다면, 로컬 여행이란 일상의 '스파이스' 라고 생각해요. 생활 속의 자극이라고 할까. 영화를 보러가는 것과도 닮았어요.

마에다 호오. 스파이스라. 어떤 거죠?

히로야 일상과 가까운 로컬적인 곳에 머무르면 자신의 일상과 대비하기 쉬워져요. 그러다보면 당연하다고 생각했던 일상을 좀더 객관적이고 다면적으로 볼 수 있게 됩니다. 일상에 대한 집중도가 높아진다고 할까요? 제 경우엔 '도쿄에 사는 우리만이 할 수 있는 일'이 무엇인지 깨닫기 쉬워졌어요.

여러 지역에서 살고 싶은 이들에게

마에다 그 느낌 알겠어요! 일상이 A라고 하면 B와 C를 보고 비교할 수 있는 덕분에 일상에 새로운 바람이 불어와서 A가 A'이 되어가는 느낌. 그렇게 되면 다른 것을 알게 되어서 B도 C도 좋아서 살고 싶은 곳이 늘어나버리는 것 아닌가요?

히로야 전에 그랬어요. 그래서 다지역 주거를 시험해봤죠. 처음에는 좋았지만 복수 거점을 관리하는 것은 쉽지 않더라고요. 헬스클럽처럼 몇 번 안가면 멀어지고 가끔 가면 반나절 정도를 청소랑 풀 베기를 하다가 돌아오게 되죠. 이게 도대체 뭐하는 거지? 하는 느낌(웃음).

[로컬적인 여행은 생활의 대비를 보여주지요. 시야가 넓어져 나의 일상이 강화됩니다]

마에다 혼자 관리하면 청소할 곳만 늘고 의미가 없어질 때가 있죠. 그렇게 생각하면 다지역 거주를 희망하는 사람이 게스트하우스를 이용해보는 것도 재미있겠네요.

히로야 그럴지도 모르겠네요. 로컬과 가까운 거리감이 확보될 것이고, 적어도 청소와 풀 베기 문제는 해결될테니까요.

게스트하우스는 증가 추세?

마에다 최근 게스트하우스 오픈이 많아졌어요. 부동산 쪽으로도 게스트하우스 상담이 늘고 있나요?

히로야 많이 늘고 있어요. 최근 2년 사이에 숙박업 상담이 크게 늘었는데, 우리 일이라는 게 유행을 금방 읽을 수 있거든요. 쉐어하우스가 주목을 받았을 때도 상담이 한꺼번에 늘었죠. 그게 2년 정도 후에 게스트하우스로 바뀐거예요.

마에다 예를 들면 비어있는 빌딩 활용에 대한 상담으로 "이 물건, 게스트하우스로 가능할까요?" 뭐 그런 문의 말인가요?

히로야 네. 법률적인 요건이 있어서 "이것은 좀 어려울 것 같네요."라는 답을 준다거나 하죠.
직접 운영하려는 경우는 상담이 구체적으로 진행되지만 건물주가 형태만 게스트하우스로 바꾸려는 경우의 상담은 "안 하시는 게 좋을 것같습니다."라는 답을 해줘요.

마에다 그래요. 현장을 진심으로 운영하려는 사람이 아니면. 그릇만 만들어봤자 혼이 없으면 게스트하우스는 성립되지 않는걸요.

[다른 일상을 통해 넓어진 세계관이 일상에 신선한 바람을 불러오는 느낌이네요]

게스트하우스 업계의 미래
퍼블릭과 프라이빗의 양립

마에다 게스트하우스는 당분간 계속 증가할 것 같은데 어떻게 되리라 예측하나요?

히로야 다양화될 것은 틀림없습니다. 여러 스타일의 숙소가 생길거예요. BOOK AND BED TOKYO(p.113)같은 테마 확립형이나 이주 알선형이라든지, 다양한 취지의 숙소가 늘 것입니다. 그와 동시에 망하는 경우도 생기겠지요. 5년 정도면 눈에 보이는 결과가 나올 거라고 생각해요.

마에다 망하는 숙소는 어떤 곳일까요?

히로야 비즈니스로만 접근하는 큰 규모는 줄지 않을까 생각해요. 경기에 따라 트렌드에 따라 문을 닫을 것이라고 생각해요. 쉐어하우스의 흐름을 봐도 단순히 마켓의 니즈만을 따라간 큰 규모에서는 경쟁이 심하거든요. 하지만 세심하게 생각해서 만든 숙소는 길게 살아남을 거예요. 단, 지금의 게스트하우스는 아직 한정된 마켓이라고 생각하기 때문에 더욱 변화해나갔으면 좋겠어요.

마에다 역시 그렇군요. 요즘 이용자는 유명한 관광지를 다 경험하고 이제 한발 더 들어가서 여행을 즐기는 법을 찾고 있는 사람들이라는 생각이 들어요.

히로야 그래요. 그러니까 20대 중반부터 30대 전반이 많습니다. 지금은 게스트나 운영자 모두 나이를 먹어가면서 마인드도 바뀌고 있어요. 그것이 앞으로 어떤 영향을 주는 가를 생각해봐야합니다.

마에다 맞아요. 저는 퍼블릭과 프라이빗한 공간의 양립이 진행되고 있다고 생각해요. 넓은 공동 공간을 중심에 두고 도미토리가 아니라 개인실도 좋다든지. 쿠마구스쿠(p.18)나 하나레(p.51)같은 형태가 늘어나는 것도 이상하지 않다고 생각합니다. 지금도 조금씩 증가하고 있지만 앞으로 좀 더 가속화될 것 같습니다.

히로야 확실히 그렇죠. 개인실이 많은 곳이 늘거나, 샤워실과 화장실이 완비된 방을 반 정도 만들든지. 그런 경우는 출장 온 회사원이나 가족여행자들도 게스트하우스 숙박을 고려하게 되어 시장이 더 넓어질 것 같습니다.

해프닝을 즐기는
누군가를 '만나러 가기' 위한 여행

마에다 게스트하우스 이용자는 숙박 뿐 아니라 교류와 커뮤니티 형성을 중시하는 경향이 강하다고 생각하는데 어떻게 보세요?

히로야 사실 그 말에 위화감을 많이 느껴요. 비즈니스 호텔이라도 "형님, 담배 한 대 빌려주실래요?"에서 시작되는 대화 같은 것이 있죠. 작은 식당도 주인 아주머니와 별 것 아닌 이야기에서 대화가 활기를 띄는 경우도 있잖아요. 진짜 교류란 그런 것이 아닐까요? 교류나 커뮤니티 같은 건 누군가가 만들어주는 게 아니라 좀 더 자연스러운 것이랄까.

마에다 이건 제가 우려하는 건데, 게스트하우스 미경험자에게 "게스트하우스에 가면 누군가에게 들었던 정도의 교류를 반드시 자기도 체험할 수 있을 것"이라는 오해가 없었으면 좋겠다고 생각했어요.

히로야 그렇죠. 여행이란 예상 외의 일이 생겨서 더 재미있지 않나요? 해프닝이라고 할까? 호텔과 패키지투어에서는 해프닝이 일어나기 어렵죠. 게스트하우스와 백패커의 여행은 사람에 따라 달라지는 부분이 많기 때문에 의외성이나 해프닝이 일어날 확률이 높죠. 접수처의 스태가 너무 친절해서 예상 외로 2시간 정도 붙잡혀있게 되었다거나.

마에다 맞아요, 그런 적 있어요.(웃음)

히로야 해프닝이 있는 여행이 좋다고 생각하면 게스트하우스 여행을 선택하면 좋겠죠. 무슨 일이 생기는 것도 해프닝, 아무 일도 안 생겨도 해프닝. 아무 변동이 없다면 그것은 해프닝이 아니에요. 그것은 테마파크죠.

마에다 해프닝이라는 나만의 체험이 있어야 그것이야말로 '여행'이죠.

히로야 또 보고 싶은 사람들이 있어서 여러 이유를 대면서 그 마을을 다시 방문하잖아요?

마에다 만나러 가기 위한 여행.

히로야 네, 만나러 가기 위해서에요, 실제로.

마에다 확실히 그렇네요. 그렇다면 해프닝이라는 스파이스를 섞으면서 만남을 통해, 넓어진 세계관을 통해 일상이 더욱 풍요로워진다. 그리고 그것과 만나는 허브로서 게스트하우스라는 장소가 생존해 나간다면 좋겠네요.

히로야 네 맞아요. 바로 그게 핵심이에요.

[프로필]
히로야 요시자토
1972년 교토 출생. 디벨로퍼 근무를 거쳐 2003년 '도쿄R부동산', 2004년에 SPEAC,inc.를 공동 설립. 동시에 CIA Inc./The Brand Architect Group에서 도시설계와 리테일숍의 브랜딩을 하고 있다.
'도쿄R부동산' 및 'toolbox', 'real local' 등 관련 사이트의 디렉팅, 건축, 부동산 개발과 재생 프로듀스와 디자인, 지역재생 플래닝 등도 진행하고 있다. 'Tanga Table,(p.39)과 옛 전통 가옥을 재생한 숙소 '하바가(端場家)' 등을 기획, 운영하고 있으며 지역의 빈집을 활용하여 이주를 추진하는 '트라이얼 스테이' 등의 일도 하고 있다.
https://reallocal.jp (2016년 여름매뉴얼)
http://speac.co.jp

왜 지금 게스트하우스가 주목받고 있는가?

일본의 게스트하우스 현상, 역사, 배경 이후의 과제와 전망에 대해서 정리해보았습니다. 이는 여행자와 숙박업소 운영자와의 대화, 경험 등에서 나온 저의 생각이며 이 책에서 정의하는 게스트하우스에 대한 분석입니다. 그 점을 염두에 두고 읽어주세요.

게스트하우스 현상

최근 일본 각지에서 급증하는 '게스트하우스'라 불리는 숙박시설. 현재 500~600곳 정도가 존재합니다. 2011년쯤에는 300곳 미만으로 알려져 있었는데 5년간 약 2배가 늘었습니다. 특히 2015년부터 크게 증가, 각 예약사이트 등록 수도 모두 늘어나고 있습니다.

요인은 여러 가지입니다. 사회적인 요인으로 2008년 금융위기와 2011년 동일본대지진에 따른 어쩔 수 없는 생활의 변화, 2010년쯤부터 트위터와 페이스북 등 개인 정보 확산에 최적화된 SNS 보급, 2013년 2020년 도쿄 올림픽 개최지 결정, 엔저로 인한 일본 국내 여행의 증가, 정부차원의 지방재생 프로젝트, 심각해지는 빈집 문제 등.

최근에는 숙박 기능의 향상과 친숙한 업종을 같이 운영하여 창업 장벽이 낮아지고 잡지나 TV 같은 각종 미디어에 자주 다뤄지면서 대중에게 친숙해지고 있습니다. 주인은 U턴 아니 I턴으로 이주한 30대 전후가 많고, 빈집을 DIY로 리노베이션해서 게스트하우스를 만들고 SNS로 지역의 매력을 홍보하면서 지역 활성화에도 온 힘을 다하고 있습니다. 이러한 노력은 미디어에도 적극적으로 보도되면 좋겠습니다.

이처럼 여러 가지 요인으로 생겨나고 미디어에 의해 박차가 가해져서 한층 주목을 받고 있는 것입니다. (다음 페이지에서는 이용자와 운영자의 관점에서 썼습니다.)

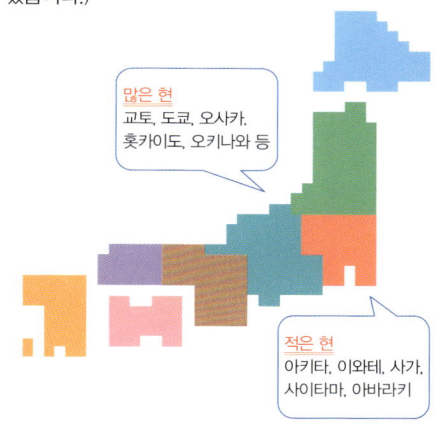

많은 현
교토, 도쿄, 오사카, 홋카이도, 오키나와 등

적은 현
아키타, 이와테, 사가, 사이타마, 이바라키

게스트하우스의 역사

일본 내에서 게스트하우스가 시작된 것은 1970년대라는 이야기를 들었습니다. 일본의 역사적 배경을 봐도 이 설은 유력한 것 같습니다.

1964년 해외여행자유화, 도쿄 올림픽 개최, 이어 1970년에 아시아 최초의 국제전람회인 '일본 만국박람회(오사카)'가 개최되었습니다. 자유화 초기에는 엄격한 조건이 붙고 여행비도 고액이었기 때문에 일부 부유층이 이용하였지만 1970년대에는 비행기의 대형화와 엔고 현상에 따라 여행비 부담이 낮아져 일본인 출국수가 늘어났습니다. 1960년쯤부터 구미에서 백패커스라는 여행스타일이 유행했기 때문에 일본과 외국이 하나로 연결된 1970년대에 탄생했다는 가능성이 높다고 생각됩니다.

단, 원래 일본에는 홋카이도를 중심으로 한 오토바이와 자전거여행 문화와 오키나와 민박으로 교류를 즐기는 문화도 있었기 때문에 '교류가 있는 여행의 숙소'는 이전부터 존재했다고 할 수 있습니다.

현재 게스트하우스들 중 오래된 곳들은 2000년 전후로 오픈하였습니다. 완만하게 증가하다가 최근 2년간 급증하였고, 최근에는 일본 국내의 게스트하우스 숙박을 계기로 창업하는 경우도 많아져 일본 고유의 문화가 만들어지고 있는 것 같습니다.

주목 이유 / 이용자

◎**이유1** 숙박시설로서의 기능 향상
일박에 2700~3700엔이라는 저렴한 숙박비, 일정 수준의 '청결함, 쾌적함'을 유지해 안심하고 숙박하기 쉬워졌습니다. 과도한 배려보다 운영자의 체험을 바탕으로 '이런 게 있으면 좋겠다'를 반영한 아늑하고 편안한 숙소 만들기가 진행되고 있습니다. 침실도 프라이빗한 느낌을 중시하는 곳이 늘고 숙면을 확보하기 쉽도록 배려하고 있습니다.

◎**이유2** 여러 공간을 두어 오픈 부담 저하
숙박하지 않고도 부담 없이 들릴 수 있는 게스트하우스가 늘고 있습니다. 예를 들면, 카페, 바, 다이닝키친, 잡화점, 마을 도서관, 당일치기 온천 등을 함께 운영하는 경우인데요. 세련된 인테리어를 자랑하는 곳도 많아 창업 욕구가 더욱 강해지고 있습니다. 그 외에, 게스트가 아니어도 참가할 수 있는 이벤트를 비정기적으로 개최하는 등 아이부터 다양한 연령층이 즐길 수 있는 곳이 늘어나고 있습니다.

주목 이유 / 운영자

◎**이유1** 빈집과 가게를 활용
빈집의 수는 2013년 기준으로 최고 820만호. 저출산 고령화에 따라 앞으로 더욱 늘어날 것입니다. 이런 상황에서 빈집을 활용하는 방법으로 최근 주목받는 것이 게스트하우스입니다. 90% 정도가 기존 물건을 개조하여 창업한 경우인데, 부숴서 없애기보다 추억을 이어가면서 사람들이 모이는 새로운 생명을 얻을 수 있다면 좋겠지요.

◎**이유2** 체험적 미디어
"게스트하우스를 통해 우리 마을이 지닌 일상의 매력을 알리고 싶다." 이런 말을 듣는 경우가 많아졌어요. 까치발을 하고 봐야하는 일회성 관광이 아니라 마을 사람들의 삶의 공간과 전통 문화 등 있는 그대로의 일상을 알리고 지속적인 관계를 만들어내고 싶다는 생각에서 나온 말이겠지요. 지역과 밀접한 보완관계에 있는 게스트하우스는 마을의 매력을 있는 그대로 전달하는 체험적인 미디어라고 말할 수 있습니다.

앞으로 과제

◎**이용자의 과제** 관광 스팟화시키지 않는다
일본의 게스트하우스는 당분간 계속 증가할 것입니다. 더욱 개성있고 디자인성이 높은 게스트하우스도 등장하겠지요. 앞선 사람들의 시행착오에서 배우기 때문일 텐데요. 그런 멋진 숙소가 전국에 생기면 숙소 자체가 관광 스팟화될 위험도 있습니다.
게스트들이 마을은 돌아보지 않고 그저 숙소에만 머문다거나, 방문한 사실을 SNS에 업로드하기 위한 '스탬프 랠리'를 할 경우 관광 스팟화될 우려도 있습니다. 게스트하우스는 일과성 소비물이 아니라 주변 환경을 포함한 인연을 차분히 엮어가는 곳입니다. 그것을 잊지 않았으면 좋겠습니다.

◎**운영자의 과제** 일반 호텔과 같아지지 않는다
게스트하우스가 증가함에 따라 과도한 경쟁을 우려하는 것은 당연합니다. 이용자를 늘리는 한 방법으로 최근 '개인실 충실'이라는 조건이 언급되고 있습니다. 현대 일본인에게 공동 침실인 도미토리보다 개인실이 익숙하고, 가족 여행자의 수요도 있습니다. 앞으로도 개인실을 중시한 게스트하우스의 증가가 예측되기 때문에 과제는 '일반 호텔과 같아지지 않도록'이겠지요. 게스트하우스의 특징인 교류공간, 그곳으로 자연스럽게 모일 수 있는 열린 공간 디자인이 그 열쇠가 될 것입니다.

앞으로 전망

◎**운영자의 전망** 좀 더 세계로
몇 년 전까지만 해도 게스트하우스 창업 계기는 해외에서의 경험이었습니다. "해외에서 백패커를 했을 때 묵었던 숙소를 계기로 오픈하게 되었다."는 이야기는 이 책에서도 때때로 등장합니다. 하지만 근래에는 그 계기가 국내로 옮겨지고 있습니다. 자급률이 높아지고 일본 독자적인 문화가 확립되어 왔다고 생각하면 흥미롭게 느껴지지만 또 다른 측면에서는 '세계관이 좁아지고 있다.'고도 생각할 수 있습니다. 해외에는 햄스터 집을 본뜬 숙소 등 (사람 크기의 쳇바퀴도 설치되어 있다고 하네요) 놀랄 정도로 자유로운 발상의 숙소가 수없이 많습니다.

앞으로 일본뿐만 아니라 해외로도 눈길을 돌려볼 필요가 있습니다. 그렇게 하면 가까운 미래에 '게스트하우스'라는 말의 범위가 발전을 거듭하여 더욱 새로운 문화가 탄생할 것입니다. 자, 좀더 로컬로, 좀더 세계로 여행을 떠나볼까요?

끝으로

제가 처음 일본 게스트하우스에서 숙박한 것은
2010년 크리스마스였습니다.

직장생활 2년차, 산처럼 많은 일에 치여 끊임없이 맴도는 매일.
친구가 "나중에 뭐하고 싶어?"라는 묻던 때
게스트하우스를 만나게 되었습니다.

국적도 나이도 경력도 모두 다른데
각각의 색깔이 섞이면서 다채롭게 그려지는 풍부한 세계관.
그것은 마치 수십 가지 색의 물감 뚜껑을 열어놓은 것 같았습니다.

그 뒤, 제 꿈을 현실도피로 취급받지 않기 위해
다니던 회사에서 어느 정도 성과를 낸 후
퇴사를 하고 오픈을 하려고 마음을 먹었습니다.
그래서 평일에는 열심히 일하고,
주말은 게스트하우스 순례에 열중했어요.

그 당시, 내 비망록이 누군가에게 1mm라도 도움이 된다면 좋겠다는
마음으로 시작한 것이 게스트하우스를 소개하는 블로그였습니다.
이후에는 독립 사이트가 되어 저에게 많은 인연을 가져다주고 있습니다.

그렇게 이곳저곳을 찾아다니며 이야기를 듣고 말을 전달하는 사이에
점점 이것이 제 역할이라는 것을 깨닫게 되었습니다.
꽃과 벌이 존재한다면 저는 후자라고 말이지요.

물론 이런 답에 도달하기까지 많은 시간이 걸렸습니다.
현실의 풍파에 시달려 원점을 놓칠 뻔하기도 했고
표류한 끝에 목표를 포기할까 하는 생각도 했습니다.

그럴 때 과거의 저에게 이끌린 적도 때때로 있었습니다.
적어두었던 여행의 기록, 졸업앨범을 엮듯이 만든 작은 책.
까맣게 잊고 있었을 때, 그것들이 생각지도 못한 인연을 연결해주었습니다.

많은 사람을 만나면서 여러 색깔이 더해지고 색깔을 나눠받고
단색이었던 제 세계관은 점점 풍부한 색깔로 칠해지고 있습니다.

그렇다고 해도 아직은 좋아하는 것에만 흥미를 갖는 성격이라
채도가 높지 않지만 이 한권의 책을 통해서
여러분의 팔레트에 저의 색도 조금은 더해지길 바라는 마음입니다.

마지막으로 이 책을 쓰는데 도움을 준 게스트하우스 100곳의 여러분
방문과 앙케이트, 거듭되는 원고 확인에도
완성될 때까지 따뜻하게 도와주셔서 정말 감사합니다.

특히 Backpacker's Japan 여러분, 처음 만났던 게스트하우스로
촬영을 포함하여 많은 도움에 깊이 감사합니다.

그리고 출판까지 인연을 연결해주신 A1의 리론 씨.
게스트하우스라는 존재를 알려준 우치다 요헤이 군
그린 세계관의 핵심이 되는 장소를 함께 만들어준 noie에 관련된 여러분
2년 전, 출판상담을 했을 때 마음으로부터 응원해 준 이와타 히로시 씨

어떤 일에 열중하는 것이 얼마나 가치있는지 알려준
게스트하우스 서밋 2014 여러분, greenz.jp의 스즈키 나오 씨
리노베이션 스쿨의 여러분, SPEAC 히로야 요시자토 씨.

끝으로 제 생각을 소중하게 생각해주고 많은 자유를 지켜주면서
길을 잃지 않도록 빛을 밝혀준 편집자 미니멀리스트 사사키 텐시 씨에게
제 생각을 디자인에 반영해 최선을 다해준 디자이너 나베이 미나 씨
와니북스의 여러분을 시작으로 이 책이 만들어지는데 도움을 준 모든 여러분

정말 고맙습니다.
마음으로부터 감사드립니다.

이제 다시 여행을 떠나고 싶어졌습니다.
외딴 섬으로 가볼까, 아니면 역시 그 마을의 그 사람들을 만나러갈까?
마지막까지 이 책을 읽는 여러분과도 어딘가에서 꼭 만날 수 있겠지요?
그때는 꼭 당신이 추천하는 곳을 알려주세요.
그러면 잘 다녀오세요. 저도 잘 다녀오겠습니다.

– 마에다 유카리

일본 게스트하우스 100

1판 1쇄 인쇄 2017년 4월 5일
1판 1쇄 발행 2017년 4월 10일

지은이 마에다 유카리
펴낸이 정원정, 김자영
편집 홍현숙
디자인 나이스에이지
마케팅 소요프로젝트

펴낸곳 즐거운상상
주소 서울시 종로구 옥인 3길 6-4(상하그린빌 101호)
전화 02-706-9452
팩스 02-706-9458
전자우편 happywitches@naver.com
페이스북 @happydreampub
출판등록 2001년 5월 7일
인쇄 더나이스

ISBN 979-11-5536-058-3(13980)
*이 책의 모든 글과 그림, 디자인을 무단으로 복사, 복제, 전재하는 것은 저작권법에 위배됩니다.
*잘못 만들어진 책은 서점에서 교환하여 드립니다.
*책값은 뒤표지에 있습니다.
*전자책으로 출간되었습니다.

GUESTHOUSE GUIDE 100 – Japan Hostel & Guesthouse Guide
Copyright@2016Yukari Maeda
All rights reserved.
Original Japanese edition published by 2016 WANI BOOKS Co., Ltd., Tokyo
Korean translation rights arranged with WANI BOOKS Co., Ltd., Tokyo
and Happy Dream Publishing co., Korea through PLS Agency, Seoul
Korean translation edition@2017 by Happy Dream Publishing co., Korea

이 책의 한국어판 저작권은 PLS를 통한 저작권자와의 독점 계약으로 즐거운상상에 있습니다.
신저작권법에 의하여 한국어판의 저작권 보호를 받는 서적이므로 무단 전재와 복제를 금합니다.